Délimitation maritime entre la RDC et l'Angola

Darwin KAMBALE ISEMUGHOLE

DELIMITATION MARITIME ENTRE LA RDC ET L'ANGOLA

Quelle solution juridique, politique et économique ?

Préface de Léon KENGO wa DONDO

Postface de Jean-Désiré INGANGE wa INGAGNE

L'Harmattan

5-7, rue de l'École-Polytechnique ; 75005 Paris

http://www.editions-harmattan.fr

ISBN : 978-2-343-10567-3

EAN : 9782343105673

Epigraphe

« La liberté des mers est le reflet du capitalisme commercial et de l'impérialisme de l'occident, elle qui a fait de la mer une véritable voie de la conquête, de l'enrichissement, de la colonisation en allant jusqu'aux rives les plus lointaines : après les grandes découvertes et la colonisation du continent américain, les Indes au XVIIIème siècle, puis le Japon, la Chine, l'Asie du sud-est, l'Océanie, l'Afrique au XIXème siècle… »

Gilles CHOURAQUI

« Les membres de l'Organisation règlent leurs différends internationaux par des moyens pacifiques, de telle manière que la paix et la sécurité internationales ainsi que la justice ne soient pas mises en danger »

Art. 2, § 3 de la Charte des Nations Unies

« La démarcation des frontières africaines, qui est un impératif, repose en grande partie sur la disponibilité, pour nos Etats, des archives détenues par les anciennes puissances coloniales »

RAMTANE LAMAMRA

Dédicace

A mes père et mère MUPIRI BAILANDA Wilfrid
et NDOVE Jeanne;

A mes frères et sœurs MASIKA ZAWADI Grace,
MUSONDOLI David, KAVUGHO NDOVE Princesse,
KAHAMBU Rosette, BAILANDA Rodrigue
et KATUNGU La Reine.

Avant-propos

Cet ouvrage participe d'un engagement civique particulièrement résolu de son auteur de répondre à un devoir patriotique, celui de proposer des pistes de solutions aux institutions compétentes de la République pour un règlement du différend de délimitation des frontières maritimes entre la RDC et l'Angola au mieux de nos intérêts nationaux.

Aussi, cet ouvrage se relève-t-il être un référentiel de travail à l'adresse des acteurs institutionnels en vue d'effectuer un choix éclairé d'un mode de règlement des différends qui garantisse la prise en compte des intérêts d'extension en mer de la République démocratique du Congo.

L'idée de la rédaction de cet ouvrage m'a été inspirée par le Professeur José BARUANI et le Professeur Jean-Désiré INGANGE wa INGAGNE qui m'ont initié à la complexité de la recherche en droit international en émettant le vœu de me voir orienter et approfondir mes recherches en droit international maritime. Ce qui m'a porté sur le terrain du droit de la délimitation des espaces maritimes en recentrant ma réflexion sur l'épineuse question de la délimitation maritime entre la RDC et l'Angola qui, nonobstant l'enjeu qu'elle représente, n'a pas encore eu vraiment l'honneur des cogitations de la doctrine congolaise. Qu'ils trouvent ici l'expression de ma profonde gratitude.

Dans ce même élan de reconnaissance, j'exprime également ma gratitude au Professeur Léon MATANGILA et à Monsieur Alex KABASELE pour leurs encouragements qui m'ont permis d'arriver au bout de ce projet de publication de cet ouvrage.

Préface

L'espace maritime a acquis, depuis l'orée du vingt et unième siècle, une importance jadis insoupçonnée. Cet intérêt résulte des ressources multiformes et inattendues que les nouvelles technologies ont permis d'y découvrir.

L'apparition de ces richesses a été source de maints conflits maritimes frontaliers entre Etats. Les relations entre la République démocratique du Congo et la République voisine d'Angola n'ont pas été épargnées de ce genre de litiges. L'hémicycle du Sénat résonne encore des débats houleux et interminables qui ont galvanisé son enceinte autour de cette question. L'intérêt et la portée de celle-ci sur l'économie nationale ont soulevé beaucoup de préoccupations parmi les Elus.

C'est au creux de ce différend frontalier sur le plateau continental entre la République démocratique du Congo et son voisin austral que ce livre nous convie.

Après un bref historique du Droit maritime, avec toutes les conventions internationales prises en la matière, il présente et analyse les différents conflits interétatiques nés de la délimitation des frontières maritimes et donne les modes de résolution qui leur ont été appliqués.

L'exégèse du compromis historique de Montego Bay du 10 décembre 1982 est rendue avec toutes ses implications. Le statut des fonds marins et celui de la haute mer sont explicités. Les régimes juridiques de la mer territoriale, des zones contigües et des zones économiques exclusives sont amplement définis.

C'est à l'issue de cette étude liminaire que l'auteur donne la problématique du contentieux sur le plateau continental entre la République démocratique du Congo et la République d'Angola.

Il identifie ses causes, pose les questionnements qu'il soulève et en formule les hypothèses de solution.

Pour mieux appréhender les causes de ce contentieux, l'auteur remonte aux différents traités conclus entre les deux

Etats depuis l'époque coloniale et relève leur incidence sur le partage des espaces maritimes contigus.

Il analyse l'Accord du 30 juillet 2007 relatif à la création d'une zone d'intérêt commun entre les deux Etats et stigmatise le déséquilibre des forces qui ressort de cette convention, en défaveur de la partie congolaise.

Cet Accord, soutient-il, laisse entier le différend maritime frontalier entre les deux puissances. Il reconnait à l'Angola des privilèges léonins sur la Zone d'intérêt commun par rapport à son partenaire congolais, dont les droits sont plus limités.

Le déséquilibre blâmé résulte, selon, lui de la prédominance angolaise dans les rapports des forces entre les deux voisins. L'Angola, explique-t-il, est un partenaire important dans le processus de réforme du système de défense et de sécurité de la République démocratique Congo. Il constitue également pour celle-ci, un protecteur contre les velléités déstabilisatrices et conquérantes de ses voisins.

Le questionnement essentiel de cet ouvrage réside dans le mode de règlement approprié à ce contentieux.

La Convention de Montego Bay du 10 décembre 1982 fait obligation aux Etats de recourir à des mécanismes pacifiques de règlement des différends. C'est sur cette base que la République démocratique du Congo et l'Angola ont choisi la voie de la négociation bilatérale pour régler leur litige de bornage des espaces maritimes.

Ce mécanisme, affirme l'auteur, n'a, cependant pas réussi à résoudre ce conflit, du fait de la position de force de l'Angola vis-à-vis de son partenaire congolais. Aussi, poursuit-il, il appert de préconiser une autre voie plus efficace pour venir à bout de ce différend.

Après s'être nourri d'une bibliographie abondante faite de la doctrine, de conventions internationales et de la jurisprudence de la Cour internationale de justice sur des questions du genre, l'auteur choisit le recours judiciaire à la Cour internationale de justice comme la voix la plus efficace de résolution du contentieux entre le Congo Kinshasa et son voisin angolais.

Il invoque, comme avantages de ce mécanisme, les garanties qui accompagnent toute voie juridictionnelle à savoir, l'indépendance et la neutralité des juges, la non prise en compte du déséquilibre des forces entre les deux protagonistes et l'autorité de la chose jugée attachée aux décisions des juridictions. Il poursuit, en substance, que les jugements de cet organe des Nations unies ont un impact d'autant plus percutant qu'ils expriment, par mandement, les voies de tous les pays du monde civilisé.

La profondeur des analyses effectuées par l'auteur et les hypothèses de solution qu'il préconise sur cette délicate question d'actualité, méritent l'attention de tous ceux qui s'intéressent à l'émergence de la République démocratique du Congo.

Voilà la raison pour laquelle j'accepte de marquer cet ouvrage de ma griffe.

Léon KENGO wa DONDO
Président du Sénat de la
République démocratique du Congo

Liste des sigles et abréviations

AFDL	:	Alliance des Forces Démocratiques pour la Libération du Congo
AIA	:	Association Internationale Africaine
AIC	:	Association Internationale du Congo
AIEA	:	Agence Internationale de l'Energie Atomique
ANC	:	Armée Nationale Congolaise
APR	:	Armée Patriotique Rwandaise
CDEAO	:	Communauté des Etats de l'Afrique de l'Ouest
CDI	:	Commission de Droit International
CEAO	:	Communauté Economique de l'Afrique de l'Ouest
CECA	:	Communauté Européenne du Charbon et de l'Acier
CEE	:	Communauté Economique Européenne
CEEAC	:	Communauté Economique des Etats de l'Afrique Centrale
CEHC	:	Comité d'Etudes du Haut Congo
Cfr.	:	Confer
CIJ	:	Cour Internationale de Justice
CJCE	:	Cour de Justice des Communautés Européennes
CPA	:	Cour Permanente d'Arbitrage
CPJI	:	Cour Permanente de Justice Internationale
DSP	:	Division Spéciale Présidentielle
Ed.	:	Edition
EI	:	Eaux intérieures
EIC	:	Etat Indépendant du Congo
FARDC	:	Forces Armées de la République Démocratique du Congo
FAZ	:	Forces Armées Zaïroises
FDD	:	Forces de Défense de la Démocratie
Fig.	:	Figure
FLN	:	Front de Libération Nationale
GSSP	:	Groupe Spéciale de Sécurité Présidentielle
HM	:	Haute mer
ICG	:	International Crisis Group

MLC	:	Mouvement de Libération du Congo
MPLA	:	Mouvement Populaire de Libération de l'Angola
MPR	:	Mouvement Populaire de la Révolution
MT	:	Mer territoriale
OAA	:	Organisation pour l'Alimentation et l'Agriculture
OACI	:	Organisation de l'Aviation Civile Internationale
OCDE	:	Organisation pour la Coopération et le Développement Economique
OEA	:	Organisation des Etats Américains
OIT	:	Organisation Internationale du Travail
OLP	:	Organisation de Libération de la Palestine
OMCI	:	Organisation Maritime Consultative Intergouvernementale
ONG	:	Organisation Non Gouvernementale
ONU	:	Organisation des Nations Unies
ONUC	:	Opération des Nations Unies pour le Congo
OTAN	:	Organisation du Traité de l'Atlantique Nord
OUA	:	Organisation de l'Unité Africaine
PC	:	Plateau continental
PNUD	:	Programme des Nations Unies pour le Développement
RCD/Goma	:	Rassemblement Congolais pour la Démocratie/ Goma
RCD/KML	:	Rassemblement Congolais pour la Démocratie/ Kisangani
RDC	:	République Démocratique du Congo
RFSY	:	République Fédérale Socialiste de Yougoslavie
UA	:	Union Africaine
UE	:	Union Européenne
UNITA	:	Union pour l'Indépendance Totale de l'Angola
UPDF	:	Uganda People's Defense Force (Forces de Défense du Peuple Ougandais)
URSS	:	Union des Républiques Socialistes et Soviétiques
ZC	:	Zone contiguë
ZEE	:	Zone économique exclusive

Introduction

Depuis des lustres, l'espace maritime était hors de l'emprise de la souveraineté des Etats tant l'enjeu qu'il représentait était limité à une double activité : la circulation maritime et la pêche (jusqu'alors très peu développée)[1].

Mais, avec le prodigieux progrès de l'industrie de la pêche (repérage des bacs par radar et satellite, mécanisation, agrandissement de la taille des bateaux et des filets, navires-usines permettant une transformation des poissons, l'accès pour un plus grand nombre de consommateurs aux techniques de conservation par la chaîne du froid etc...) qu'a inauguré le XXème siècle et la découverte inattendue des ressources minérales nodulaires (le sel, le diamand, les terres rares etc...) et énergétiques (pétrole et gaz),[2] la mer n'était plus seulement[3], selon les mots de Pierre Marie Dupuy, « le support plane des communications mais également un réservoir des richesses »[4].

Qui plus est, l'importance stratégique de la mer en tant que voie de navigation s'est accrue considérablement au point de représenter[5], de nos jours, plus de 80 % dans les échanges mondiaux des marchandises, à laquelle est venu se greffer un usage militaire notamment dans la dissuasion nucléaire d'importance jusqu'alors insoupçonnée. Ainsi, la mer aiguisera-t- elle les appétits, les convoitises des Etats[6].

Au moment de la décolonisation, les Etats sortis de l'avilissant joug colonial plutôt peu équipés et craignant, de fait,

---

[1]G., CHOURAQUI, *La mer confisquée : Un nouvel ordre océanique favorable aux riches*, Paris, Seuil édition, 1979, pp. 1-10.

[2]C., COUTANSAIS, *Géopolitique des océans, l'Eldorado maritime*, Paris, Ellipses, 2012, p. 102.

[3]D., ORTOLLAND et J.P., PIRAT, *Atlas géopolitique des espaces maritimes : frontières, énergie, pêche et environnement*, Paris, Technip, 2008, p. 23.

[4]P.M., DUPUY, *Le droit international public*, 9ème éd., Paris, Dalloz, 2009, p. 598.

[5]L., UZAC, *Les chemins de l'océan : Océans et mondialisation*, Aix-en-Provence, Ed. du Gerfaut, 2009, p. 56.

[6]Il n'est sans intérêt de faire remarquer que cette importance de plus en plus grandissante du transport maritime dans les échanges mondiaux des marchandises est étroitement liée à un double facteur : Son faible coût en comparaison avec d'autres modes terrestres, ferroviaires et aériens dont le coût est relativement élevé ainsi que sa grande capacité de transport des marchandises.

une confiscation de la mer par les puissances maritimes occidentales, seules dotées jusqu'ici des flottes de guerre et commerciales et des techniques appropriées pour l'exploitation de nouvelles ressources maritimes, vont remettre en cause le régime traditionnel de la liberté des mers en vigueur depuis le XVIIème siècle. Aussi, vont-ils obtenir la tenue d'une 3ème conférence des Nations Unies sur le droit de la mer qui a abouti à l'adoption de la Convention de Montego Bay du 10 décembre 1982. Intégrant dans ses dispositifs la nouvelle tendance appropriationniste des Etats, la nouvelle Convention, compromis entre deux logiques contradictoires (liberté et appropriation) va procéder, selon l'heureuse expression du Professeur canadien Georges Labrecque[7], à une « territorialisation » des espaces jadis teintés du seau de l' international au travers d'un « zonage juridique » de la mer aboutissant ainsi à une double subdivision en espaces maritimes sous juridiction nationale (eaux intérieures, mer territoriale, zone contigüe, zone économique exclusive, et plateau continental) et ceux internationalisés (haute mer et zone).

Cette consécration juridique de l'extension de la juridiction des Etats en mer est à l'origine des différends des frontières maritimes opposant actuellement les Etats. C'était une prédiction de Jacques Bernier lorsqu'il écrivait « qu'on le veille ou non, il semble bien que l'extension de la souveraineté des Etats sur les espaces maritimes est déjà bien engagée et qu'elle va se poursuivre et ainsi les problèmes de leur partage vont-ils demeurer d'une grande actualité ». En droit clairvoyant, « intelligent » si l'on préfère à la première épithète celle du Professeur Grégoire BAKANDEJA[8] , la Convention des Nations Unies sur le droit de la mer, née dans un contexte mondial de répudiation générale du recours à la force armée, impose à ses Etats parties aux termes de son article 279 le recours à des mécanismes pacifiques de règlement des

---

[7]G., LABRECQUE, *Les frontières maritimes internationales : Géopolitique de la délimitation en mer*, Paris, L'Harmattan, 2009, p.20.

[8]Cfr. Intervention du Professeur Grégoire BAKANDEJA lors des journées scientifiques organisées par la Faculté de Droit et des Sciences Politiques de l'Université Catholique du Congo autour de la problématique de la décentralisation en République Démocratique du Congo du 22 au 24 mars 2014.

différends en faisant référence à ceux juridictionnels et non-juridictionnels prévus par l'article 33 paragraphe 1 de la Charte des Nations Unies.

C'est probablement sur cette base juridique que la République démocratique du Congo et l'Angola, Etats parties à la Convention de Montego Bay et, de surcroît, membres des Nations Unies, ont fait le choix de recourir à la négociation bilatérale pour régler le différend de délimitation de leurs espaces maritimes sur l'océan Atlantique les opposant depuis 1980.

Mais, le gain pour chacune des parties en termes de prise en compte de ses intérêts nationaux à l'issue de ce procédé bilatéral de règlement des différends[9], comme l'atteste une doctrine dominante des relations internationales[10], est fonction du jeu des rapports de force[11]. Or, les relations bilatérales entre la République démocratique du Congo et l'Angola restent marquées par une forte prédominance angolaise, l'Angola intervenant, aux côtés de nos partenaires traditionnels, dans des secteurs stratégiques de notre pays notamment celui de la formation des unités combattantes des Forces armées de la République démocratique du Congo. Cette coopération militaire a connu d'ailleurs un nouvel essor avec la signature de l'accord tripartite de coopération militaire du 24 août 2013 entre l'Angola, la République démocratique du Congo et l'Afrique du Sud[12].

De plus, dans le contexte géopolitique de l'Afrique centrale[13], l'Angola semble jouer un rôle de bouclier protecteur de la République démocratique du Congo contre les velléités déstabilisatrice et conquérante de ses voisins de l'Est (Rwanda, Ouganda et Burundi) comme le démontre la foudroyante entrée

---

[9]A.N., MULUMBATI, *Les relations internationales*, Lubumbashi, Editions Africa, 2005, pp.25-30.

[10]L.A., LABANA, *Le conflit. Stratégies, prévention, gestion et modes de résolution*, Kinshasa, Chaire UNESCO, 2007, p. 25.

[11]Cfr.T., DE MONTBRIAL, *L'action et le système du monde*, Paris, PUF, 2006, p.45.

[12]J.P., KOBANDA, *Les crimes économiques dans les grands lacs africains. 5 millions de morts pour enrichir : Les multinationales occidentales, le Rwanda, l'Ouganda et leurs complices congolais*, Paris, L'Harmattan, 2006, p.36.

[13]C., BRAECKMAN, *Les nouveaux prédateurs. Politique des grandes puissances en Afrique centrale*, Paris, fayard, 2006, p. 154.

en action des Forces armées angolaises aux côtés des troupes zimbabwéenne, namibienne et congolaise pour stopper la progression de la coalition armée de ces Etats agresseurs en 1998 lors de la guerre d'agression menée contre la République démocratique du Congo[14]. Au plan diplomatique, Luanda a toujours constitué un précieux soutien de la République démocratique du Congo au sein des instances régionales de l'Afrique centrale, lui permettant de rendre plus audible ses positions pour une résolution durable de la crise sécuritaire frappant la partie Est de son territoire[15]. La réaction molle du gouvernement congolais ne se limitant, en général, qu'à des simples informations dans le cadre de la Commission mixte République démocratique du Congo/Angola face aux incursions régulières allant parfois jusqu'à des véritables occupations territoriales des Forces armées angolaises dans les provinces du Bas-Congo et du Bandundu traquant les éléments armés du FLEC-FAC en lutte contre le régime de Dos Santos, est révélateur du déséquilibre des rapports de force entre les deux Etats[16]. Dans un contexte d'un déséquilibre aussi flagrant tout procédé de règlement bilatéral du différend entre la République démocratique du Congo et l'Angola sur la délimitation de leurs frontières maritimes sur la côte Atlantique ne peut qu'aboutir à un dictat du second ou, à tout le moins, à un accord déséquilibré. Les différents accords signés entre les deux parties depuis le début du processus de négociation en 1981, puis successivement dénoncés par la République démocratique du Congo du fait de leur caractère déséquilibré, le dernier en date étant le Protocole d'accord de Luanda du 30 juillet 2007,

---

[14]J.C., WILLIAME, *L'accord de Lusaka. Chronique d'une négociation internationale*, Paris, L'Harmattan, 2002, pp. 135-140.

[15]TSHIYEMBE MWAYILA., *Géopolitique de la paix en Afrique médiane : Angola, Burundi, République Démocratique du Congo, Ouganda, Rwanda*, Paris, L'Harmattan, 2003, pp.19-25.

[16]Pour comprendre les réelles motivations de l'intervention des troupes alliées (Angola, Zimbabwe et Namibie) au côté des forces armées de la RDC lors de la deuxième guerre d'agression de 1998 contre notre pays au delà du discours officiel qui trouvait son fondement dans le mécanisme de sécurité collective en vigueur au sein de la SADEC lequel oblige les Etats membres à la solidarité au cas où l'un d'eux fait face à une agression extérieure, lire avec beaucoup d'intérêt O., LANOTTE, *République Démocratique du Congo : Guerre sans frontières. De Joseph-Désiré Mobutu à Joseph Kabila*, Bruxelles, Editions complexe, 2003, pp. 51-52.

portant création d'une zone d'intérêt commun entre les deux Etats tombé lui-même caduque par l'effet de la loi N°09/002 du 07 mai 2009, portant délimitation des espaces maritimes de la République démocratique du Congo sur la côte Atlantique, viennent à l'appui de cette thèse.

En effet, si le Protocole d'accord du 30 juillet 2007 trouve fondement dans les articles 74 et 83, qui règlent successivement la délimitation de la zone économique exclusive et du plateau continental et prévoyant en des termes identiques la conclusion des « arrangements provisoires de caractère pratique » dans la « période de transition » antérieure à « la conclusion de l'accord définitif »[17], le Protocole s'en écarte en ce qu'il situe la zone d'intérêt commun dans les « concessions pétrolières angolaises » alors que, au sens de la Convention de Montego Bay, ce Protocole ne peut avoir que valeur d'une entente provisoire plutôt conservatoire des droits de la République démocratique du Congo et de l'Angola sur un espace faisant encore l'objet des revendications croisées de ces deux Etats. C'est fort de cette localisation conventionnelle de la zone d'intérêt commun en territoire angolais que ce dernier tente d'imposer à la République démocratique du Congo une règle de répartition des recettes issues de l'exploitation de cette zone pour le moins inégale, la position défendue par l'Angola étant que seuls 20 % de la production du champ pétrolier de N-GAGE, la plus dotée en ressources pétrolières, représentant la part de la SONANGOL, société angolaise d'exploitation et de commercialisation du pétrole, peut faire l'objet d'une répartition à parts égales entre les deux Etats, les 80% restant devant connaitre une répartition entre l'Angola et les multinationales pétrolières exploitant ce champ sur base des contrats de partage de production passés avec ce dernier Etat. Pourtant, l'application de la règle de l'équité posée par la Convention de Montego Bay en matière de délimitation des frontières maritimes entre les deux Etats devait situer la zone d'intérêt

---

[17]Articles 74 et 83 de la Convention de Montego Bay du 10 décembre 1982 sur le droit de la mer, in P.M., DUPUY, *Les grands textes du droit international public,* Paris, Dalloz, 2008, p. 541.

commun dans le couloir maritime congolais même si, jusqu'ici elle fait l'objet d'une occupation de fait par l'Angola.

Toutefois, au-delà de l'étendue considérable de ces enjeux, cette problématique de la délimitation des espaces maritimes entre la République démocratique du Congo et l'Angola ne semble pas encore suffisamment être sous le feu des projecteurs des chercheurs, faute probablement à une orientation, à forte charge idéologique, d'une doctrine du droit international largement tournée vers les problèmes du monde occidentale. L'intérêt de cet ouvrage est donc d'être une réaction à ce constat d'un traitement presque exclusif que la doctrine du droit international consacre aux problèmes du monde occidental affichant un désintérêt vis-à-vis de ceux du reste du monde, particulièrement ceux de l'Afrique qu'elle affuble au passage, pour se donner bonne conscience, de la tunique méprisante des réalités sans incidences majeures dans les relations internationales. L'ancien Secrétaire Général des Nations Unies, l'égyptien Boutros-Boutros Ghali n'émet pas un son de cloche dissonant lorsqu'il affirme, dans la partie introductive d'un livre qu'il consacre aux différends de frontières en Afrique sous le titre : « Les conflits de frontières en Afrique : Etude et documents », que « le droit international est surtout connu en Afrique dans une optique coloniale comme un droit conçu pour légitimer les privilèges des Etats européens ou pour régir leurs rapports. Ceci est dû, en partie, au fait que, traditionnellement, la plupart des manuels de droit international et des relations internationales consacrent une place prépondérante aux problèmes du monde occidental et, de ce fait, négligent encore ceux, plus récents, de l'Afrique contemporaine. Ainsi, lorsque ces manuels traitent des fleuves internationaux, il s'agit surtout du Rhin ou du Danube, et lorsqu'ils étudient le fédéralisme, ce sont toujours les trois foyers traditionnels du mouvement fédéral, les Etats-Unis, la Suisse et l'Allemagne qui servent d'exemple. Enfin, lorsque ces ouvrages abordent le règlement des conflits internationaux, il est surtout question des litiges européens » [18]. Et l'ancien

---

[18]G., BOUTROS-BOUTROS, *Les conflits des frontières en Afrique : Etude et documents*, Paris, Seuil, 1999, p. 52.

Secrétaire Général des Nations Unies d'avertir qu'il « en sera ainsi aussi longtemps que les Etats africains et les organisations internationales africaines ne mettront pas à la disposition des chercheurs une documentation susceptible de leur permettre d'étudier les problèmes de leur propre continent »[19].

Cette étude participe également de mon souci de répondre à ce devoir patriotique, celui de proposer des pistes de solutions aux institutions compétentes de la République pour résoudre ce différend des frontières maritimes au mieux de nos intérêts nationaux.

Aussi, dans un contexte d'un rapport de force déséquilibré, je pose la question fondamentale de la pertinence de la négociation bilatérale en tant que procédé de règlement des différends pouvant permettre aux deux parties de parvenir à des résultats équitables.

En réponse à cette interrogation qui constitue le fil conducteur des réflexions de la présente étude, je me dois de dire que le choix de la négociation en bilatéral comme mode de résolution du différend de délimitation des frontières maritimes entre la République démocratique du Congo et l'Angola n'offre aucune perspective d'une résolution équitable entre les deux Etats du fait des rapports de force en total déséquilibre en faveur de l'Angola. D'où, la nécessité d'explorer d'autres pistes que propose le droit international.

A cet égard, le recours au règlement judiciaire paraît pertinent dans la mesure où il présente un double intérêt :

- D'une part, l'issue du processus judiciaire n'est pas fonction des rapports de force entre parties à un différend mais de l'intime conviction des juges formée après analyse des moyens de défense présentés par les parties et ce, en application des règles et des principes édictés par le droit international de la mer. Ceci est d'autant plus rassurant lorsqu'on prend en compte le fort attachement des juges à leur indépendance face à des pesanteurs d'ordre politique de la vie internationale. La condamnation de certaines grandes puissances à l'instar des Etats-Unis sur arrêt rendu par la CIJ vient en confirmation de cette thèse.

---

[19]*Idem*, pp. 2-3.

- D'autre part, le règlement judiciaire a force obligatoire sur toutes les parties au différend. Ce caractère se trouve davantage renforcé dans le cadre des arrêts rendus par la CIJ pour lesquels la Charte des Nations Unies prévoit une intervention du Conseil de sécurité pour s'assurer de leur application puisque l'article 94 paragraphe 2 de la Charte des Nations Unies est ainsi libellé : « le Conseil de sécurité, s'il le juge nécessaire, peut faire des recommandations ou décider des mesures à prendre pour faire exécuter l'arrêt »[20].

Cependant, entreprendre une réflexion sur la problématique de la délimitation des frontières maritimes entre la République démocratique du Congo et l'Angola, c'est prendre le risque d'emprunter un chemin particulièrement rocailleux tant, étant encore en phase de la négociation diplomatique, la plupart des données pertinentes sur le sujet demeurent encore hélas teintés du sceau du secret d'Etat. Et lorsqu'on considère le fait que cette question reste l'un des parents pauvres de la doctrine du droit international, l'horizon s'assombrit davantage pour le chercheur.

La présente étude s'inscrit essentiellement dans le cadre de la méthode juridique en ce que , comme l'indique pertinemment bien son intitulé, elle consiste en une réflexion sur les différents procédés de règlement des différends entre Etats prévus par le droit international. Sans verser dans un inventaire de ces mécanismes pacifiques de résolution des conflits institués par un droit international dont le signe distinctif semble être la répudiation générale de tout recours à la force armée, l'étude s'attache plutôt à faire une évaluation critique du procédé bilatéral de règlement des différends qui, jusqu'ici, semble avoir les faveurs de la République démocratique du Congo et de la République d'Angola pour le règlement du différend de délimitation des frontières maritimes les opposant, en vue d'un dépassement de ce mécanisme de la négociation bilatérale peu enclin à favoriser une solution

[20]Article 94 paragraphe 2 de la Charte des Nations Unies, *Op.Cit.*, p. 23.

équitable du différend, à créer des conditions propices à la prise en compte des intérêts légitimes de la République démocratique du Congo.

Une telle entreprise intellectuelle, comme on peut s'en rendre compte, manquerait de pertinence en l'absence des exemples concrets de délimitations des frontières opérées en vue du règlement des différends ayant opposé d'autres Etats. Aussi, ferons-nous successivement appel non seulement aux règlements arbitraux des différends frontaliers ayant opposé d'une part, la Guinée Conakry à la Guinée Bissau et la Guinée Bissau au Sénégal mais aussi à celui judiciaire du différend frontalier entre le Mali et la Haute-Volta (Burkina-Faso) opéré dans le cadre de la Cour Internationale de Justice[21].

Par ailleurs, l'étude ne se distanciera pas de la doctrine du droit international qui a le mérite de rendre plus intelligible les solutions pratiques que je proposerais dans le cadre de cette problématique portant sur la délimitation des frontières maritimes entre la République démocratique Congo et l'Angola. « Si la méthode est la condition nécessaire pour l'amorce d'un travail scientifique, elle n'est pas suffisante en l'absence d'un schéma général d'étude qui en constitue la charpente »[22].

La trame générale de mes réflexions se déroule en un double moment :

Dans un premier temps, il sera question d'un retour historique sur l'évolution des enjeux de la mer et de l'opposition Nord-Sud qui s'en est suivie après les mouvements de décolonisation pour en fixer les principes régulateurs jusqu'au compris symbolisé par l'adoption de la Convention de Montego Bay du 10 décembre 1982.

Au second moment, ces enjeux de la mer mis en exergue connaitront une transposition dans le cadre du différend de délimitation des frontières maritimes entre la République démocratique Congo et l'Angola en proposant un mode de règlement des différends susceptible de garantir les intérêts de

---

[21]Cfr. G., LABRECQUE, *Les différends territoriaux en Afrique-Règlement juridictionnel*, Paris, L'Harmattan, 2008, pp. 12-20.

[22]J.P., KILENDA, *Le contrôle de la légalité des actes du magistrat dans l'administration de la justice criminelle en RD Congo.* Thèse de doctorat présentée à Louvain-la-Neuve, Bruxelles, Academia Bruyant, 2002, p. 12.

la République démocratique Congo sur ses espaces maritimes de la côte Atlantique et spécialement sur son plateau continental regorgeant d'importantes ressources pétrolières.

Chapitre premier

ENJEUX MULTIDIMENSIONNELS DE LA MER ET AFFIRMATION PROGRESSIVE DU DROIT INTERNATIONAL MARITIME

L'évolution du droit a toujours été le reflet de l'importance qu'accorde le législateur, qu'il soit national ou international, à la situation qu'il entend réguler. Le droit de la mer illustre parfaitement cette réalité en ce que son développement est étroitement lié à la multiplication des enjeux de la mer. A l'époque de la mer réduite en un rôle de simple voie de communication, la mer ne faisait l'objet d'aucun principe régulateur jusqu'au consensus, entre puissances maritimes occidentales, en pleine conquête coloniale, sur le principe de la liberté des mers (Section première).

Toutefois, lorsque la mer va se présenter sous sa nouvelle dimension de réservoir des ressources et avec l'avènement des nouveaux Etats dans le concert des nations, le principe coutumier de la liberté des mers très favorable aux Etats occidentaux fera l'objet d'une remise en cause de la part de ces nouveaux venus dans l'ordre juridique international exigeant, dans le cadre de l'ONU, l'ouverture d'une troisième conférence sur le droit de la mer qui va aboutir à Montego Bay, le 10 décembre 1982, à l'intégration de leur théorie d'appropriation des espaces maritimes comme principe important du nouveau droit de la mer (Section deuxième).

Section première
REVISITATION HISTORIQUE DE L'ERE DE LA NON-REGULATION DE LA MER

Quoique faisant l'objet d'une règlementation très développée de nos jours, la mer a été longtemps un espace non-réglementé (Sous-section I) jusqu'à l'affirmation coutumière du principe de la liberté des mers, en pleine période des conquêtes coloniales, qui lui a donné un statut de bien commun au bénéfice de tous les Etats (Sous-section II).

Sous-section I : LA PERIODE DE LA CONQUETE INDIVIDUELLE

Depuis la fin du XVIIème siècle à la seconde guerre mondiale, la mer est demeurée un espace de liberté. Cette liberté se traduisait par la possibilité pour tout Etat de faire circuler les navires battant son pavillon ou d'entreprendre, selon ses propres capacités techniques, l'exploitation des ressources halieutiques, les espaces maritimes ne faisant l'objet d'aucune appropriation étatique à l'exception notable de la mer territoriale de largeur alors très limitée sur laquelle les Etats riverains exerçaient leur souveraineté[23].

Toutefois, il convient de souligner qu'avant ce consensus obtenu entre puissances maritimes occidentales, unique créateur des normes internationales de l'époque, sur le régime de la « liberté des mers », voies de communication, vitales à la réalisation de leurs visés expansionnistes dans le monde, c'était le règne de l'anarchie tant, des vastes étendues maritimes faisaient l'objet des revendications contradictoires entre Etats[24].

A cet égard, les exemples sont légion. Dans l'Antiquité occidentale, Athènes revendiquait sa souveraineté sur une large

[23]Cfr. P.J., LANCRY, *La mer, un enjeu économique*, Paris, Hatier, 2012, p.15.
[24]V.A., RAESTAD, « La portée de canon comme limite de la mer territoriale », *Revue de droit international public, (juin-août 2007), n°4578, pp. 23-31.*

partie de la mer Egée[25]. Rome, un des empires les plus conquérants de l'époque antique, faisait de même en écartant toute idée d'une utilisation libre de la mer méditerranée par des peuples n'appartenant pas à l'empire. Ce qui n'était pas du goût des autres Etats[26].

La chute de l'empire romain sera marquée par une mise en veilleuse des revendications étatiques sur la mer jusqu'à leur réaffirmation au XIIème siècle[27]. Ainsi, dès 1174, Gènes annexe à son territoire la mer Ligurienne et le Golfe du Lion[28]. La République de Venise ne sera pas en reste de ce nouveau mouvement d'appropriation des espaces maritimes par les Etats en revendiquant le contrôle de l'Adriatique d'abord au moyen de la force des armes ensuite par la signature des divers traités[29].

De son côté, le Danemark se déclarait propriétaire des détroits du Sund et des Belts, de la mer Baltique en étendant même ses prétentions jusqu'à la mer du Nord et à l'océan Atlantique dans la mesure où il revendiquait toutes les étendues maritimes situées entre la Norvège d'un côté et l'Islande et le Groenland de l'autre[30]. A l'extrême orient, l'empire chinois va dominer pendant trois siècles les mers de Chine orientale et méridionale et l'Océan Indien grâce à son importante flotte de guerre.

Au XVème siècle, avec les grandes découvertes, les tendances appropriationistes des Etats s'accentuèrent. Dans ce contexte, les deux grandes puissances de l'époque à savoir l'Espagne et le Portugal, dans le cadre de la bipolarisation des relations internationales en vigueur jusqu'alors, vont faire une étrange prétention sur base du traité de Tordesillas du partage de toutes les mers alors connues avec l'appui remarqué du Pape Alexandre VI. Ce dernier avait d'ailleurs dès 1493 procédé au tracé, à l'ouest des Açores et des Iles du Cap-Vert, d'une ligne

---

[25] H.C., BEGARIE, *Op.Cit.*, pp.36
[26] *Idem*, pp.32-33.
[27] Cfr. S.A., DE BUSTAMANTE, « La mer territoriale », in *Hérodote, (juillet-septembre 2009), n°4598, pp. 25-31.*
[28] Cfr. J., CORBETT, *Principes de stratégie maritimes*, Paris, Economica, 2002, p. 265.
[29] A., VIGARIE, *Economie maritime et géostratégique des océans*, Paris, Caen, 2002, p.402.
[30] P.J., LANCRY, *Op.Cit.*, pp. 89-92.

de démarcation d'un pôle à l'autre attribuant à l'Espagne les espaces situés d'un côté et au Portugal le reste[31]. L'Espagne se voyait ainsi devenir l'heureux acquéreur de l'Atlantique occidentale, du golfe du Mexique et de l'océan Pacifique. Pour sa part, le Portugal revendiquait l'Atlantique oriental et l'océan Indien[32]. Dès lors, les autres Etats se voyaient interdit de faire naviguer leurs navires sur ces étendues maritimes aux dimensions considérables à moins d'obtenir, au préalable, une licence dont l'octroie était de la compétence exclusive du souverain du territoire concerné[33].

Comme on pouvait s'y entendre, ces prétentions soulevèrent de vives réactions de la part de l'Angleterre d'Elizabeth Ière qui mettait en avant « la liberté des mers ». Pour la Reine, le principe de la « liberté des mers » a pour soubassement le droit naturel en ce que, par nature, « l'océan ne peut appartenir à aucun peuple ou aucun particulier quelconque ». A la même époque, la France et les Pays-Bas se dressèrent énergiquement contre les prétentions scandinaves et ibériques[34].

La fin du XVIème siècle, pourrait-on dire, a donc vu le déroulement d'une lutte acharnée entre deux blocs d'Etats pour l'établissement d'un statut juridique des mers : les puissances scandinaves et ibériques revendiquant des vastes étendues maritimes et les Etats partisans de la liberté des mers : France, Pays-Bas et Angleterre.

Mais, au XVIIème siècle, énorme coup de théâtre! L'Angleterre, championne depuis toujours de la doctrine de la liberté de la mer, allait devenir un vigoureux défenseur de l'appropriation maritime. Ce revirement spectaculaire de la position traditionnelle de l'Angleterre ne pouvait avoir d'autre explication que dans ce que le politologue Bertrand Badie aime à appeler « le retournement du monde » pour désigner un changement géopolitique mondial dont l'effet est de déplacer le

---

[31]G., CHOURAQUI, *Op.Cit.*, p. 125.
[32]V.A., RAESTAD, *Op.Cit.*, p. 147.
[33]H.C., BEGARIE et alii, *La lutte pour l'empire de la mer : Histoire et géostratégie maritimes*, Paris, Economica, 2005, pp.52-63.
[34]Cfr. G., CHOURAQUI, *Op.Cit.*, p. 121.

centre d'impulsion dans la prise des grandes décisions sur le plan international[35].

En effet, le XVIIème siècle marque le déclin des nations ibériques et l'ascension concomitante de l'Angleterre. Désormais assez puissante et sûre de ne faire l'objet d'aucune opposition significative, l'Angleterre trouva là une occasion propice pour mettre en avant le principe d'appropriation maritime qui lui était largement favorable[36].

En 1609, sur décision du roi Jacques I^{èr}, la Hollande s'est vu interdite de pêche dans les eaux côtières anglaises[37]. Cette mesure suscita une ferme opposition de la part du Pays-Bas qui choisit de réagir d'abord sur le plan purement doctrinal par la publication d'un opuscule intitulé « *Mare liberum* » du philosophe, juriste et diplomate hollandais HUGO de Groot, dit Grotius dont la thèse principale est que la mer ne pouvait faire l'objet d'aucune domination de la part d'une nation quelconque[38]. Elle doit donc demeurer libre. Un an plus tard, la Hollande remit à l'Angleterre une déclaration pouvant parfaitement se résumer dans la phrase suivante : « les mers mouvantes et sans limites sont aussi communes à tous les peuples que l'air dont aucun prince ne peut les priver »[39].

La réplique anglaise ne se fera pas attendre. Plusieurs réponses furent réservées au « *Mare liberum* ». Les premières, plutôt conciliantes, admirèrent la thèse grotienne sur la haute mer condamnant de fait les prétentions espagnoles et portugaises tout en avançant l'idée d'une mer « adjacente » sur les richesses de laquelle l'Etat côtier aurait des droits exclusifs. Cette thèse tendait à une légitimation de la souveraineté de l'Angleterre sur les mers qui lui étaient voisines.

Toutefois, dans cette guerre doctrinale, John Selden a eu l'honneur de l'emporter la palme de la critique en publiant en 1635 son ouvrage, au titre plus qu'évocateur, « *Mare clausum* ». L'éminent juriste y défendait la thèse selon laquelle la totalité de l'océan était susceptible d'appropriation par un

---

[35]B., BADIE, *Le monde sans souveraineté,* Paris, Fayard, 1999 p. 89.
[36]*Idem,* p. 201.
[37]Cfr. P.J., LANCRY, *Op.Cit.,* pp.32-39.
[38]H., GROTIUS (pseud.), *Mare liberum,* cité par P.J., LANCRY, *Op.Cit.,* p.36.
[39]*Idem,* p.45.

Etat à la condition suffisante de disposer des forces nécessaires lui permettant de défendre sa nouvelle possession face aux prétentions hostiles d'autres Etats. Cet argumentaire, bien huilé, servait de fermant doctrinal aux prétentions de l'Angleterre sur les mers entourant son territoire[40].

Ce conflit prendra une allure dramatique en déplaçant son champ de déroulement du doctrinal au militaire. C'est un simple refus de « salut du pavillon » de la part des navires hollandais indiquant la non-reconnaissance de la souveraineté anglaise sur la mer qui fut l'élément déclencheur de la première guerre anglo-hollandaise dont la fin n'est intervenue qu'avec la signature du traité de Westminster de 1654 entre les deux belligérants. Pouvant revêtir une myriade de formes (le salut au canon, le salut par l'amenée des voiles hautes, le salut par l'amenée du pavillon) , le salut du pavillon occupait une place d'une extrême importance entre les puissances maritimes du fait qu'il valait, comme souligner dans les lignes précédentes , reconnaissance de la souveraineté de l'Etat sur une étendue maritime donnée au point où le refus de salut du pavillon pouvait provoquer de graves incidents armés même entre alliés. A ce sujet, les anecdotes semblent tout à fait intéressantes. Ainsi, en 1554, à lorsque Philippe II d'Espagne se rendait en Angleterre pour y épouser la reine Marie Tudor, il vit son pavillon essuyer des tirs au canon sous les ordres de l'amiral anglais Lord Willam Howard obligeant le navire amiral espagnol d'amener son pavillon devant lui. L'incident n'empêcha pas le mariage entre les deux souverains[41]. L'accession de JACQUE Ier au trône d'Angleterre en 1603 allait aussi donner lieu à un incident similaire avec la France.

En effet, Henri IV délégua Sully en Angleterre pour y féliciter le nouveau roi. Ainsi, un navire de guerre britannique alla-t-il la chercher à Calais pour l'amener à Douvres accompagné par un navire de guerre français[42]. Ce navire portait le pavillon royal à son grand mat. Ce qui semblait au capitaine du vaisseau anglais tout à fait contraire à la coutume

---

[40]J., SELDEN, *Mare clausum,* cité par H.C., BEGARIE, *Op.Cit.,* pp.25-30.
[41]Cfr. L., UZAC, *Les chemins de l'océan : Océans et mondialisation,* Aix-en –Province, Ed. du Gerfaut, 2011, pp.65-71.
[42]*Idem*, p. 32.

en vigueur dans la Manche. Le capitaine s'abstint, toutefois, de toute protestation en raison, sans doute, de la mission particulière lui confiée jusqu'à l'approche, par les deux navires, de la rade de Douves où il décida de tirer un coup de canon sur le bâtiment français pour que ce denier amène son pavillon[43]. Celui-ci ne s'exécuta pas préférant faire demi-tour pour regagner les côtes françaises.

Pour faire bref, il ne serait pas déplacé d'affirmer que les conflits des XVIème et XVIIème siècles sus-évoqués sur les prétentions appropriationistes des Etats sur la mer précédèrent le conflit entre d'une part, les puissances maritimes occidentales et d'autre part, les nouveaux Etats sur l'appropriation des espaces maritimes défendue par ces deniers contre le principe occidental de la liberté des mers sur lequel nous consacrons, dans les lignes suivantes, un développement approprié[44].

Toutefois, le premier conflit se différencie du second par sa limitation à un triple point de vue : son objet, ses acteurs et ses enjeux. Son objet était limité dans la mesure où les zones maritimes à problème étaient, en règle générale, assez réduites, limitées le plus souvent aux mers ou parties des mers contiguës aux côtes des Etats en conflit. Quant à ses acteurs, il s'agissait de seules puissances maritimes occidentales[45]. Enfin, s'agissant de ses enjeux, en dehors d'une pêche côtière peu importante, les mers étaient essentiellement des voies de communication.

Ainsi, lorsque Gênes faisait des prétentions sur la mer Ligurienne et le Golfe du Lion ou Venise sur la mer Adriatique, le but était-t-il le même à savoir assurer à leurs navires le monopôle du commerce dans ces mers.

De même, le conflit entre les Nations ibériques et l'Angleterre puis, ce denier, contre la France et le Pays- Bas n'avait qu'un enjeu commercial. Car, il s'agissait d'établir des liens commerciaux avec les territoires nouvellement découverts dans l'Atlantique, le Pacifique et l'Océan Indien. Dans ce contexte, les nations ibériques vont revendiquer un droit de commerce exclusif avec le nouveau monde interdisant, par

[43]G., CHOURAQUI, *Op.Cit.,* p. 65.
[44]P.J., LANCRY, *Op.Cit.,* p. 45.
[45]J., CORBETT, *Op.Cit.,* p.32.

conséquent, la navigation dans les mers donnant accès à ces territoires.

Sous-section II : L'EPOQUE DE LA MER « RES COMMUNIS »

L'affirmation du principe de la liberté des mers est consécutive à l'alliance anglo-hollandaise, deux grandes puissances maritimes émettant des sons jusqu'ici discordants sur la question de la souveraineté étatique en mer, liée à l'arrivée sur le trône d'Angleterre de Guillaume d'Orange[46]. Au surplus, vers la fin du XVIIème siècle, l'Angleterre, l'Espagne et le Portugal vont renoncer à leurs prétentions à des droits exclusifs sur la haute mer lesquelles devenaient, au vu de l'usage de plus en plus croissant de la mer par de nombreux Etats, une perspective sans lendemain.

Sur le plan purement théorique, Grotius, avec sa plume d'expert, rendait compte de la nécessité d'instaurer le régime de la liberté des mers dans son ouvrage « Mare liberum » dans un contexte économique et culturel qui était celui du capitalisme commercial. Cet ouvrage, inspiré des idées de trois théologiens espagnols du XVème siècle, Castro, Vasquez et Francisco de Victoria comprenait quatre propositions essentielles fondées sur le droit naturel à savoir :

- Les mers et les terres étaient, à l'origine, propriété commune des hommes ;
- Depuis, cette situation a évolué pour les terres, désormais susceptibles de faire l'objet d'appropriation dans la mesure où elles peuvent, de façon exclusive, être occupées par des individus ou par des groupes, leurs ressources étant d'ailleurs épuisables[47] ;
- Par contre, l'établissement des droits privatifs sur la mer ne peut nullement trouver justification car, d'une part, elle n'est susceptible d'aucune occupation exclusive et d'autre part, ses ressources sont

---

[46]L., UZAC, *Op.Cit.*, pp.85-90.
[47]H., GROTIUS (pseud.), *Op.Cit.*, p.26.

inépuisables. D'où l'inutilité d'être titulaire d'un droit de propriété sur la mer ;
- La mer est une voie de communication entre Etats.

Par conséquent, à l'exception notable de la mer territoriale, une étroite bande côtière, la mer ne doit faire l'objet ni d'une juridiction exclusive, ni des droits de pêche ou de navigation exclusifs moins encore, être soumise à l'imperium de l'Etat. Elle doit être libre. C'est le vœu que formule de vive voix Grotius en écrivant : « Chaque nation doit avoir libre voie de communication avec toute autre nation et libre commerce avec elle »[48].

Vers la fin du XVIIème siècle, le régime de la liberté des mers se renforce par un autre soutien idéologique de poids, un des théoriciens du droit naturel, Pufendorff pour qui, la liberté de la haute mer a un double fondement :

- D'une part, elle trouve justification dans l'inutilité de l'appropriation de la mer laquelle n'est nécessaire ni à la navigation ni à la pêche et peut même, bien au contraire, porter gravement atteinte au principe de la liberté entre les hommes.
- D'autre part, il n'y a, insiste Pufendorff, dans le cas de la mer aucun élément justifiant l'exercice d'un quelconque droit de propriété sur des choses. Cette affirmation se trouve corroborer par certains faits que relève l'auteur : il ne s'agit pas d'un bien qui se consomme par le premier usage ; l'antériorité du passage ne crée pas pour l'avenir, à la différence de l'occupation terrestre, un droit à l'exclusivité de passage ; le travail, pas plus que l'industrie des hommes, ne rend l'océan navigable[49].

Ce régime de la liberté des mers fondé essentiellement sur la coutume internationale va assurer la gouvernance de l'ensemble des mers du globe pendant environ deux siècles et

---

[48] *Idem*, p. 29.
[49] A., VIGARIE, *La mer et la géostratégie des nations*, Paris, Economica, pp. 56-60.

demi[50]. Cette longévité impressionnante est étroitement liée à la parfaite adaptation de ce régime aux besoins de développement et de puissance des puissances maritimes occidentales dont la prospérité dépendait, à bien des égards, du commerce maritime et, en particulier, de l' approvisionnement en matières premières provenant de leurs colonies. A cet égard, comme l'affirme Gilles Chouraqui, « la liberté des mers est le reflet du capitalisme commercial et de l'impérialisme de l'occident, elle qui a fait de la mer une véritable voie de la conquête, de l'enrichissement, de la colonisation en allant jusqu'aux rives les plus lointaines : après les grandes découvertes et la colonisation du continent américain, les Indes au XVIIIème siècle, puis le Japon, la Chine, l'Asie du sud-est , l'Océanie, l'Afrique au XIXème siècle »[51].

Section deuxième
LA MER « RESERVOIRE DES RICHESSES » ET NECESSITE D'UNE REGULATION INTERNATIONALE PREVENTIVE DES CONFLITS EVENTUELS ENTRE ETATS

Le principe de la liberté des mers affirmé, au plan coutumier, par les puissances maritimes occidentales désireuses d'assurer leur approvisionnement en matières premières en pleine période des conquêtes coloniales se heurtait à l'évolution de la mer de son enjeu originaire de simple voie de communication et à celui nouveau de réservoir des richesses. Dans ce contexte, pour prévenir des conflits entre Etats, l'option d'une réglementation conventionnelle sera levée (Sous-section I).

Toutefois, cette réglementation effectuée au travers la Convention de Genève de 1958 ne sera au fond qu'une simple insertion dans l'escarcelle du conventionnel d'un droit coutumier de la liberté des mers largement favorable aux

---

[50]De pure création occidentale, le régime de la liberté des mers sera longtemps considéré comme le principe régulateur de toutes les mers du monde du fait de l'extension considérable de l'entreprise coloniale.

[51]G., CHOURAQUI, *Op.Cit.*, p.36.

intérêts des puissances maritimes occidentales. A l'avènement des Etats nouveaux dans le concert des nations, ils vont remettre en cause les résolutions de cette Convention exigeant l'ouverture d'une nouvelle conférence sur le droit de la mer dans le cadre de l'ONU laquelle a abouti à la signature de la Convention de Montego Bay de 1982 marquée par un recul considérable de la liberté en mer désormais cantonnée en un double espace : la haute mer et la zone (Sous-section II).

Sous-section I : DE LA DEMULTIPLICATION DES ENJEUX DE LA MER A LA CONFERENCE DE GENEVE

Au début de la seconde moitié du XXème siècle, le vieux système de la liberté des mers commença progressivement à être ébranlé lorsque l'espace maritime va offrir d'autres possibilités d'usages au-delà de la traditionnelle navigation[52]. La mer avait cessez d'être simplement une surface de navigation mais, bien plus, elle était devenue un réservoir des ressources et même un espace stratégique de première importance.

Cette multiplication inattendue des enjeux de la mer est étroitement liée au développement des techniques de pêche lequel a été à la base d'une exploitation intensive des ressources halieutiques de la mer[53]. A cet égard, les chiffres se passent de tout commentaire. De 4 millions de tonnes en 1900, les prises mondiales de poissons passeront à 15 millions en 1938. Cet essor des activités de la pêche va poursuivre son envol jusqu'à atteindre, à partir des années cinquante, des proportions impressionnantes[54]. De 16 millions de tonnes en 1950, la production mondiale passa à 27 millions en 1958 et 70 millions en 1970. En soixante-dix ans, la production mondiale de la pêche va donc être multipliée par dix-huit! Ce qui témoigne de l'ampleur de plus en plus grandissante de l'industrie de la pêche

[52]Cfr. P., PAPON, *Le sixième continent : Géopolitique des océans*, Paris, Odile Jacob, 2008, pp. 36-45.
[53]A., VIGARIE, *Op.Cit.*, p. 39.
[54]*Idem*, pp. 45-50.

de l'époque[55]. Cette exploitation pour le moins intensive allait aboutir à une catastrophe contre laquelle les écologistes, à cette ère du raffermissement de la conscience écologique tant au niveau politique qu'au niveau des organisations non-gouvernementales, mènent une lutte acharnée au travers leur formule choc « penser aux générations futures », à savoir l'extermination de la quasi-totalité de gigantesques troupeaux des baleines des mers entourant l'antarctique et les îles subantarctiques[56].

Après la seconde guerre mondiale, cette ponction dévastatrice apparut telle que 19 Etats vont se résoudre à Washington, le 2 décembre 1946, à signer une convention internationale dont l'objet était la réglementation de la chasse à la baleine. Les Etats parties à ce traité vont décider de la mise en place d'une commission baleinière internationale. Mais, soumise à des fortes pressions politiques, la commission sera inefficace dans son rôle d'imposition des plafonnements des captures des poissons et ce, d'autant plus que l'industrie baleinière se modernisait d'avantage. Désormais, la chasse à la baleine se faisait au moyen des flottes baleinières comprenant un navire-usine, une dizaine de chasseurs ou navires baleiniers, un navire frigorifique et un pétrolier[57].

Parallèlement à cette ruée des Etats vers les ressources halieutiques des eaux, des recherches océanographiques vont lever un coin de voile sur l'enjeu économique des fonds marins. Ainsi découvrait-t-on que le plateau continental recelait d'importantes réserves de pétrole et de gaz naturel. Dans un contexte de forte demande en énergie lié au développement croissant de l'industrie manufacturière en occident, cette découverte devait, à l'évidence, susciter des intérêts et ce, d'autant plus que, l'intensité de la ponction des ressources

[55]FAO, situation mondiale des pêches et de l'agriculture. Rapport de 2010 sur l'évolution de l'industrie de la pêche dans le monde, [En ligne]. http : // www.fao.org/fisher/toplc/18124/fr (Page consulté le 25 mars 2013).
[56]L., UZAC, *Op.Cit.*, p 45.
[57]Le développement de l'industrie de la pêche avait failli provoquer une disparition de l'espèce de cétacés entrainant ainsi un abandon, par les Etats baleiniers, de leurs activités de pêche.

terrestres obligeait les Etats à trouver des sources alternatives d'approvisionnement en énergie[58].

Plus tard, l'exploitation pétrolière offshore donnera lieu à une merveilleuse découverte. Celle des nodules polymétalliques comprenant une trentaine des métaux dont le cuivre, le nickel, le cobalt et le manganèse. Ces minerais étaient au cœur de l'industrie technologique occidentale. Le cuivre, par exemple, avec ses nombreux usages était d'une grande utilité dans le domaine de l'électrotechnique. Quant au nickel, il entre dans la fabrication d'acier inoxydable et de certains alliages auxquels il apporte plus de solidité et de résistance à la corrosion. De même, le manganèse est indispensable à la fabrication de l'acier auquel, il apporte également plus de solidité. Enfin, le cobalt, en combinaison avec le fer et l'acier, produit des alliages d'une grande dureté[59]. Or, l'approvisionnement en ces métaux précieux des puissances occidentales dépendait des exportations des nouveaux Etats. Le rôle de ces derniers était décisif pour combler le déficit de production permettant de couvrir l'ensemble de besoins en matière premières des Etats industrialisés même s'ils assuraient une large part de la production mondiale de ces métaux[60].

Qui plus est, en cette fin de la première moitié du XXème siècle interviendra un événement qui va bouleverser longtemps les relations internationales à savoir la décolonisation. « Il ne

---

[58]Cfr. J., HENROTIN, *Les fondements de la stratégie navale au XXème siècle*, Paris, Economica, 2003, pp.189-192.

[59]Cfr. C., COUTANSAIN, *Géopolitique des océans : L'Eldorado maritime,* Paris, Ellipses, 2011, pp.265-270.

[60]Pour leur approvisionnement en matières premières, les Etats industrialisés dépendaient des Etats en développement. A cet égard, les statistiques disponibles à l'époque sont particulièrement révélatrices en ce qu'elles indiquent, par exemple, qu' une part prédominante de la production mondiale du cobalt (82%) était assurée par les Etats en développement. Pour les autres matières premières, bien que les Etats industrialisés fussent bien en peloton de tête des Etats producteurs de ces métaux précieux tels nickel, cuivre, manganèse, leur production ne parvenait pas à couvrir leur demande d'approvisionnement. Aussi, les différentes puissances industrielles, particulièrement les Etats Unis, n'eurent d'autres choix que de couvrir leur déficit en matières premières nécessaires à leur développement industriel en recourant à la production des Etats en développement. A titre d'illustration, les Etats industrialisés assuraient 85% de la production mondiale de nickel, 50% de la production mondiale de cuivre et 66 % de la production mondiale de manganèse tout en important respectivement 8%, 10,8% et 17% à partir de la production des Etats en développement. (G. CHOURAQUI, *Op.Cit.,* pp. 230-250.)

s'est pas agi seulement des changements dans le renouvèlement, par leur intensification et leur densification, des réseaux diplomatiques, modifiant ainsi la physionomie de la scène diplomatique et politique mondiale, ni de la recrudescence de conflits divers, ça et là, due à la multiplication et à la diversification plus accrue des intérêts internationaux mais, au plan strictement juridique, la décolonisation a consacré la reconnaissance des nouveaux Etats en tant que sujets de droit international »[61]. Ce recouvrement de la souveraineté par les nouveaux Etats avait pour conséquence non seulement de mettre un terme à l'odieuse exploitation coloniale rendant ainsi plus difficile l'approvisionnement en matières premières des anciennes métropoles obligées de recourir à des sources alternatives d'approvisionnement que représentaient les fonds marins mais aussi la contestation par les Etats nouvellement insérés dans la société internationale du droit international classique et plus particulièrement du principe de la liberté des mers considéré, à juste titre, comme un droit essentiellement occidental du fait que « dans sa formation et dans sa formulation, ce droit est marqué par la logique, les croyances religieuses, philosophiques et idéologiques de la civilisation euro-chrétienne»[62]. Ainsi, pourrait-t-on dire que la fonction idéologique assignée au droit international classique et plus spécialement, au droit de la mer symbolisé par le principe de la liberté des mers était celle d'être le reflet des besoins et des intérêts de ses concepteurs, les Etats occidentaux[63].

En effet, le régime de la liberté des mers qui s'était imposé pendant deux siècles comme principe fondamental de la régulation des mers conditionnait la prospérité économique de ces derniers tant en leur offrant des conditions des facilités des échanges commerciaux entre eux qu'en permettant leur

---

[61] MAMPUYA KNUNK, *Emergence des Etats nouveaux et droit international*, Paris, L'Harmattan, 1999, pp. 69-70.
[62]*Idem*, p. 21.
[63]Pour approfondir cette notion de fonction idéologique du droit international, lire avec intérêt M., CHEMILLIER et J., COURVISIER, « *Introduction à la sociologie politique* », paris, Memento-Dalloz, 1995, pp. 12-30. Et surtout M., CHEMILLIER, « *La fonction idéologique du droit international* », Actes du premier colloque de Reins, juin 1973 in Annales de la Faculté de Droit et des Sciences Politiques de Reins, 1974, p.221-223.

approvisionnement en matières premières à partir de leurs colonies respectives. Mais, l'avènement de la décolonisation mettra désormais en présence deux blocs d'Etats: d'une part, les puissances maritimes occidentales, seules à être dotées des capacités techniques permettant la navigation en mer et l'exploitation des ressources maritimes et sous-marines dans le cadre du « laisser aller, laisser faire» que supposait le régime de la liberté des mers et d'autre part, les nouveaux Etats, dotés des moyens techniques limités voire, à certains égards, inexistants et pour lesquels, la liberté des mers était à tout point de vu défavorable.

En fin, à la faveur de la seconde guerre mondiale, les Etats feront la découverte d'un nouvel usage de la mer, celui militaire[64]. L'enjeu maritime s'étendait donc de l'économique au militaire faisant de l'espace maritime un espace stratégique de première importance tant il était au cœur de la dissuasion militaire stratégique[65].

A la fin de la seconde guerre mondiale, la réalité de l'équilibre de la terreur, conséquence du fait nucléaire, dans un contexte de partage du monde entre l'axe soviétique et occidental va honorer le simple usage militaire de la mer d'un subtil usage politique, les deux superpuissances, les Etats-Unis et l'URSS, ne pouvant se risquer au désastre d'un affrontement direct[66]. Elles s'affrontèrent par « satellites » interposés au point que la présence non loin des zones de conflits potentiels était devenue un impératif catégorique lorsqu'elles voulaient en

---

[65]A la faveur de ce virage de la mer de son enjeux économique et commercial de départ pour recouvrir une dimension militaire, les puissances maritimes vont se lancer dans une vaste initiative de modernisation de leurs flottes de guerre au premier rang des quelles les Etats Unis dont les flottes étaient présentes sur pratiquement toutes les mers du monde avec une possibilité de projection de force en territoire étranger et ce, grâce aux porte-avions. Mais en cette ère de la guerre froide, l'Empire soviétique ne pouvait, à l'évidence, rester sans réaction face à cette dangereuse omniprésence américaine qui menaçait ses intérêts. Aussi MOSCOU décidera-t-il, sous l'impulsion de l'amiral GORSHKOV, de la mise en place d'un ambitieux programme de construction navale portant sur des navires de surface autres que des porte-avions et sur des sous-marins, l'objectif poursuivi étant la dissuasion stratégique. (A., VIGARIE, *Op.Cit.*, pp. 203-209).

[66]Cfr. P., ROYER, *Géopolitique des mers et des océans : Qui tient la terre tient la mer*, Paris, PUF, 2009, pp. 132-135.

assurer la prévention ou exercer une certaine influence sur leur évolution.

Pour le chercheur américain Edward Luttwak [67], cette utilisation politique de la marine de guerre peut se présenter sous 5 facettes différentes : l'utilisation politique de la marine peut être soit « latente » si elle naît de la simple présence d'une flotte non loin du territoire de l'Etat visé et de la manifestation intermittente faite par l'utilisateur de sa volonté politique, soit « active » si l'utilisateur accompagne la présence de sa flotte d'une intervention même simplement déclaratoire, soit « dissuasive » si son objet est d'empêcher un adversaire potentiel d'entreprendre une action donnée, soit « coercitive » si elle vise à faire pression sur l'Etat ou un des Etats auxquels elle s'adresse pour qu'il entreprenne une action donnée, soit encore « d'appui » si son objet est de rassurer, face à l'intervention d'une puissance donnée, la cible, client ou allié, de cette intervention[68].

Au vu de ces enjeux multidimensionnels que représentait la mer, le régime de la liberté des mers ne tiendra désormais qu'à un fil. La nouvelle doctrine des Etats sera désormais à l'appropriation maritime. Paradoxalement, c'est une des

---

[67]N., LUTTWAK, cité par G. CHOURAQUI, *Op.Cit.*, p. 135.

[68]Fruit des études menées par N., LUTTWAK sur un certain nombre d'interventions américaines dans certains conflits, les formes d'utilisation politique de la marine de guerre par un Etat peuvent connaitre une subdivision tripartite en celles dissuasive, coercitive et d'appui. Cette triple dimension d'usage politique de la marine par un Etat était bien présente dans le cadre l'intervention des Etats Unis pendant le conflit qui a opposé, en 1970, la Syrie à la Jordanie. Selon N., LUTTWAK, la force navale américaine jouait toute à la fois un rôle de dissuasion en ce qu'elle prévenait toute intervention soviétique, un rôle de coercition en ce qu'elle avait aussi pour but d'exercer une pression sur la Syrie pour qu'elle retire ses troupes du territoire Jordanien et un rôle d'appui dans la mesure où il s'est agi aussi de rassurer l'allié jordanien au-travers des capacités de projection de la VIème flotte permettant à la Jordanie d'ignorer l'exigence syrienne d'un compromis avec les organisations militaires palestiniennes.
Par, ailleurs, le même auteur avait pu déceler une double forme d'usage politique de la marine de guerre par les Etats Unis dans le conflit qui avait opposé Israël à l'Egypte. L'intervention américaine par l'entremise de sa VIème flotte revêtait toute à la fois une dimension de dissuasion dans la mesure où les Etats Unis visaient à faire pression sur MOSCOU pour qu'il procède au retrait de ses troupes d'Egypte et celle d'appui dans la mesure où cette présence militaire américaine en pleine Méditerranée avait aussi pour effet de rassurer l'allié israélien face aux menaces soviétiques (G. CHOURAQUI, *Op.Cit.*, p. 136.).

puissances maritimes, les Etats-Unis, jusqu'ici fortement attachée à la liberté des mers qui seront le pionnier du mouvement d'appropriation par la déclaration du président Truman du 28 septembre 1945 étendant sa juridiction sur son plateau continental c.à.d. à une très grande partie des fonds marins situés au large des côtes américaines (plusieurs milliers de km2) même si, le texte présidentiel s'empressait de souligner qu'il ne s'agissait pas d'une revendication de souveraineté mais d'une simple extension de juridiction sur les ressources excluant toute entrave à la liberté de la haute mer[69]. Ce brusque revirement de la position américaine ne pouvait trouver d'autres explications que dans la découverte, en pleine seconde guerre mondiale, des gisements de pétrole sous le plateau continental au large des côtes américaines. Dans un contexte de demande accrue de pétrole liée au développement de l'industrie imposant de disposer de nouvelles sources d'énergie, la déclaration américaine aura l'effet d'une bombe.

En effet, n'ayant fait l'objet d'aucune opposition de la part d'autres Etats, elle va constituer un véritable stimulant du mouvement d'appropriation maritime par les Etats. Ainsi, entre 1945 et 1950, 30 revendications unilatérales furent-elles effectuées par des Etats sur le plateau continental.

Plus tard, entre 1951 et 1958, la même tendance va se confirmer avec l'extension unilatérale effectuée par 28 autres Etats de leur juridiction maritime. 17 de ce groupe d'Etats porteront leur revendication sur le plateau continental au large de leurs côtes et les 11 restant revendiqueront des mers territoriales supérieures à la traditionnelle distance de 3 milles marins[70].

Ces revendications unilatérales étaient principalement le fait des nouveaux Etats fraîchement sortis de la domination coloniale et plus particulièrement, ceux de l'Amérique latine et d'Asie. Ces derniers étaient vivement préoccupés par l'exploitation croissante des réserves halieutiques à laquelle se

---

[69]G., CHOURAQUI, *Op.Cit.*, pp. 156-160.
[70]Il convient d'indiquer que la distance traditionnelle de 3 milles marins fixée comme largeur de la mer territoriale fait référence à la célèbre formule de la portée de canon que le droit international doit à GALIANI.

livraient les flottes des puissances occidentales au large de leurs côtes. Ces prises des poissons auxquelles, faute d'équipements adéquats, ils ne pouvaient faire concurrence, étaient susceptibles, de leur point de vue, d'aboutir à la destruction des stocks existants. Dans ce contexte, certains Etats d'Amérique latine, menacés par les captures des pêcheurs américains au large de leurs côtes, revendiquèrent à la suite de leur puissant voisin, de façon unilatérale, de larges surfaces du Pacifique. Le Chili sera le premier (dans le bloc des Etats nouveaux) à revendiquer, par une déclaration du 23 juin 1947, une juridiction exclusive en matière de pêche sur une zone allant jusqu'à une distance de 200 milles marins de ses côtes. Cette audace chilienne donnera du zèle à ses voisins latino-américains. Ainsi, le Pérou, le Salvador et l'Equateur vont, par des déclarations successives, en des termes presque identiques à la déclaration chilienne, prétendre à une juridiction exclusive au large de leur littoral respectivement le 1er août 1947, en 1950 et en 1951[71].

Pour renforcer, au plan politique, leur doctrine appropriationniste sur les espaces maritimes, 3 de ces 4 Etats, l'Equateur, le Pérou et le Chili vont signer une déclaration conjointe dite déclaration de Santiago le 18 août 1952. Cette déclaration élevait la souveraineté et la juridiction exclusive sur la mer qui baigne leurs côtes jusqu'à une distance minimum de 200 milles marins au rang de norme fondamentale de leur politique internationale maritime[72].

Ce mouvement unilatéral d'appropriation maritime rencontrera une farouche opposition de la part des puissances maritimes occidentales comme les Etats-Unis et la Grande Bretagne fortement attachées au maintien du régime traditionnel de la liberté des mers. Dans ce sens, elles estimèrent nécessaires qu'un code de règles internationales fixant les usages des Etats en mer soit instauré[73]. Ainsi, en 1949, l'Assemblée Générale

---

[71]J., HENROTIN, *Op.Cit.*, pp. 25-30.

[72]Dictée par les intérêts économiques des Etats latino-américains, ce choix de la distance de 200 milles marins au large des côtes avait donc pour but de garder un contrôle sur d'importants stocks des poissons liés aux remontées d'eau profonde provoquées par le courant de Humboldt qui, venant de l'Antarctique, longe la côte ouest de l'Amérique du sud (*G. CHOURAQUI, Op.Cit., pp. 108-111.*).

[73]C., COUTANSAIN, *Op.Cit.*, pp. 89-96.

des Nations Unies largement dominée par les puissances maritimes, invita-t-elle la Commission du Droit International (CDI) à étudier un projet de statut juridique de la mer dans la perspective d'une éventuelle codification. Neuf années furent nécessaires à la Commission pour réaliser cette tâche. En 1958, la CDI va soumettre des projets de convention à une conférence diplomatique composée de 86 Etats. Cette conférence diplomatique réunie en Genève décidera de l'adoption de 4 conventions sur le droit de la mer satisfaisant largement les intérêts des puissances occidentales. Car, la conférence consacrait le principe de la liberté des mers ne lui opposant qu'une seule exception, le droit de l'Etat côtier d'établir sa juridiction souveraine sur le plateau continental adjacent à ses côtes. On l'aura compris, l'exception ne visait qu'à apporter une caution internationale à la doctrine américaine de l'appropriation par l'Etat du plateau continental adjacent à ses côtes. A ce sujet, le prescrit de l'article 1 de la Convention sur le plateau continental ne laisse de place à aucun doute raisonnable en disposant que « l'Etat riverain exerce des droits souverains sur le plateau continental aux fins de l'exploration de celui-ci et de l'exploitation de ses ressources naturelles »[74]. Une fois encore, le droit international n'a été que l'expression d'un rapport de force lequel était défavorable aux nouveaux Etats. Divisés entre l'axe soviétique et celui capitaliste en cette ère de la guerre froide et devant l'opposition traditionnelle entre Etats maritimes et Etats côtiers, les nouveaux Etats ne parvinrent pas à adopter une position commune pour peser significativement dans les négociations[75]. Ainsi, les Etats latino-américains (Chili, Equateur et le Pérou), seuls à avoir défendu une position commune consistant en une reconnaissance, au profit de l'Etat riverain, des droits exclusifs dans les eaux s'étendant jusqu'à 200 milles marins de ses côtes, se virent débouter par la conférence. Elle refusa même d'adopter le compromis proposé par certains Etats tels le Vietnam et les Philippines revendiquant la reconnaissance des droits

---

[74]Article 1 de la Convention de Genève sur le plateau continental, in P.M., DUPUY, *Op.Cit.*, p. 625.

[75]A., GUILLERM, *Le maître de la mer et le maître de la terre : Chine-USA, XX*[ème] *siècle*, Paris, Economica, 2011, pp. 206-210.

préférentiels à l'Etat riverain ne se bornant qu'à lui reconnaître un « intérêt spécial » pour la préservation des ressources vivantes situées au-delà de sa mer territoriale.

De même, la conférence marquera sa ferme opposition aux revendications de l'Indonésie et des Philippines qui, respectivement dès 1955 et 1957, annonçaient à l'ONU leur intention d'étendre leur souveraineté sur les eaux situées entre les îles composant leur territoire[76].

De ce qui précède, il est tout à fait fondé d'affirmer que la conférence diplomatique de Genève de 1958 n'a été au fond qu'un rendez-vous bien réussi de codification d'un droit de la mer resté jusqu'alors coutumier et qui, par son principe de liberté, était largement favorable aux puissances maritimes occidentales. Car, seules ces dernières disposaient des capacités techniques permettant l'exploitation des ressources maritimes. Ainsi, l'URSS et le Japon pouvaient librement continuer à développer leurs flottes de pêche lointaine. Les flottes européennes pouvaient se réjouir d'une Convention qui leur signait un chèque en blanc pour continuer avec leurs activités de pêche au large des côtes africaines. De manière générale, toutes les puissances industrielles trouvaient intérêt dans ce renforcement juridique du principe de la liberté des mers dans la mesure où il constituait la meilleure garantie à la non-entrave de la circulation en mer et donc de l'intensification des échanges commerciaux, source de croissance économique pour ces Etats[77].

De même, la consécration des droits au profit de l'Etat riverain sur le plateau continental offrait une sécurité juridique pour les entreprises occidentales qui avaient déjà engagé des couteux travaux d'exploration ou même d'exploitation sur cet espace et ce, d'autant plus qu'au-delà de l'isobathe de 200 m fixé comme limites, l'Etat riverain pouvait repousser ces limites à sa charge de justifier des capacités techniques lui permettant d'exploiter son plateau continental. C'est le critère dit « d'exploitabilité » selon lequel les limites du plateau

---

[76]Cfr. A., VIGARIE, *Op.Cit.*, pp. 87-90.
[77]*Idem*, p. 75.

continental évoluaient désormais au gré des capacités techniques des Etats.

Sous-section II : RESOLUTIONS DE LA CONFERENCE FACE AU NATIONALISME MARITIME DES NOUVEAUX ETATS

Face aux résolutions de la Conférence de Genève de 1958, la réaction des Etats en développement était d'une froideur à la lisière de la défiance même si, ces derniers s'étaient résolus à émettre une contre-proposition par l'entremise de Malte (§1).

Toutefois, en pleine négociation, les violents purent s'accorder sur certains points de la négociation, la pierre d'achoppement restant la question de la définition du statut juridique des fonds marins (§ 2).

Paragraphe I. De la proposition pradienne à l'adoption de l'idée de la tenue d'une nouvelle conférence sur la mer

Faisant peu de cas de la toute nouvelle légalité internationale définie à Genève, les Etats en développement vont procéder à des extensions unilatérales de leur juridiction en mer. Ce qui imposera l'ouverture de nouvelles concertations dans le cadre de l'ONU (A). En perspective de ces négociations, les Etats en développement vont se concerter d'abord au plan régional (B).

A. Des extensions unilatérales de juridiction étatique en mer aux nouvelles tentatives de concertation à l'ONU

Apres la conférence de Genève de 1958 complétée par celle de 1960, l'espoir ardent des nouveaux Etats de parvenir à un consensus avec les puissances maritimes occidentales sur la régulation des espaces maritimes va considérablement se refroidir du fait de la non-intégration de leurs revendications dans le texte de l'accord. Dès lors, ces Etats (latino-américains, asiatiques et africains) placeront leur action, en signe de défi, en dehors de la légalité internationale définie à Genève. Ainsi, l'Indonésie imposera à tout navire traversant ses eaux « archipélagiques » une notification préalable. Les Philippines soumirent, pour sa part, les navires nucléaires transitant par ses eaux au régime d'autorisation[78].

Plus radicalement encore, les Etats latino-américains riverains de l'Atlantique comme l'Argentine revendiquèrent de manière unilatérale des zones exclusives de pêche de 200 milles marins de leurs côtes[79].

De même, après leur accession à l'indépendance, nombreux furent les Etats africains à opter pour une largeur des eaux territoriales supérieure à la distance de 3 milles marins retenue par la Convention de Genève. De manière générale, cette largeur ne dépassa pas 12 milles marins, à l'exception notable de la Guinée et du Cameroun qui ont eu la belle audace de revendiquer respectivement des eaux territoriales de 130 milles marins en 1961 et de 18 milles marins en 1967. Toutes ces revendications unilatérales exprimaient plus que tout la volonté de ces Etats de protéger leurs ressources de pêche contre les prises importantes effectuées par les flottes des puissances occidentales[80].

En outre, le critère « d'exploitabilité » retenu par la Convention de Genève de 1958 lequel donnait la possibilité à tout Etat riverain de procéder au prolongement des limites de son plateau continental sur base de sa simple capacité technique de le mettre en exploitation inquiétait fortement les nouveaux Etats[81].

En effet, ce système dit de « juridiction rampante » ouvrait des perspectives d'exploitation des fonds marins particulièrement intéressantes aux entreprises multinationales occidentales, seules capables de se procurer une technologie sous-marine permettant sa mise en exploitation[82]. A l'évidence, cette éventualité était à l'opposé de la thèse défendue par les nouveaux Etats pour lesquels, les fonds marins constituaient un

[78]J., HENROTIN, *Op.Cit.*, pp. 96-100.
[79]A., GUILLERM, *Op.Cit.*, p. 56.
[80]*Idem*, p. 89.
[81]Cfr. G., GIDEL, *Le droit international public de la mer*, Paris, Dalloz, 1996, pp. 699-705.
[82]O., FERRON, *Le droit international de la mer*, Paris, Pedone, 2006, pp. 899-902.

réservoir des richesses dont l'exploitation devait avoir pour but ultime de réduire l'écart abyssal de développement entre le monde occidental et les Etats nouvellement indépendants[83]. Le 1er Novembre 1967, Arvid Pardo, représentant de Malte, avait l'honneur de présenter du haut de la tribune de l'Assemblée Générale des Nations Unies cette position exprimée par les nouveaux Etats[84]. Dans sa déclaration, l'ambassadeur proposa non seulement l'affectation des fonds marins au-delà des limites existantes des juridictions nationales à des fins exclusivement pacifiques mais également qu'ils soient considérées comme « patrimoine commun de l'humanité » et que leur exploitation soit dans l'intérêt de l'humanité tout entière et non servir les intérêts égoïstes d'une infime minorité disposant des moyens techniques permettant leur mise en exploitation[85]. Cette idée défendue par Pardo ne présentait aucune originalité dans la mesure où dès 1957, la Commission « To Study The Organisation Of Peace » proposait déjà que l'ONU soit reconnue comme l'unique instance exerçant la souveraineté sur les fonds marins situés au-delà des limites de la juridiction nationale. La Commission poursuivait alors un double objectif. Il s'est agi non seulement d'éviter que les ressources des fonds marins ne deviennent une nouvelle source de conflits entre Etats en assurant leur équitable répartition entre Etats mais aussi de procurer à l'ONU une source de revenus propres au-delà des cotisations des Etats membres[86].

Plus tard, en juillet 1966, la proposition apparue alléchante à l'ancien président américain Johnson au point de déclarer : « Nous devons veiller à ce que le lit des mers et des océans devienne et demeure le patrimoine commun de l'humanité ».

Pourtant, la proposition pardienne sera l'objet d'une farouche opposition de la part des Etats industrialisés principalement ceux comptant parmi les puissances maritimes

[83]C.J., COLOMBOS, *Le droit international de la mer*, Paris, Dalloz, 2010, pp. 1565-1575.
[84]Cfr. S., BULA-BULA, *L'odyssée du droit de la mer dans les abysses*, La Haye, Kluwer Law international, 1999, p. 30.
[85]*Idem*, p. 32.
[86]G., CHOURAQUI, *Op.Cit.*, pp. 56-60.

pour lesquelles soutenir cette idée revenait à vider de sa substance la Convention de 1958 sur le plateau continental qu'ils considéraient comme un des éléments essentiels du droit international de la mer. Car, Pardo proposait que la zone internationale commence aux limites des juridictions nationales. Ce qui, de fait, déniait à tout Etat la possibilité de repousser les limites de son plateau continental en fonction de ses capacités techniques de le mettre en exploitation[87].

En réponse à l'initiative de Malte, l'Assemblée Générale des Nations Unies décida, par une résolution du 18 décembre 1967, de la création d'un comité ad hoc de 35 Etats avec pour mandat d'étudier « la question de l'affectation à des fins exclusivement pacifiques du lit des mers et des océans ainsi que de leur sous-sol, en haute mer, au-delà des limites de la juridiction nationale actuelle et de l'exploitation de leurs ressources dans l'intérêt de l'humanité »[88].

Peu après, en 1968, ce Comité ad hoc sera remplacé par un comité permanent de 42 membres sous la dénomination de « Comité des utilisations pacifiques du fond des mers et des océans au-delà des limites de la juridiction nationale »[89]. Dit également « Comité des Fonds Marins », il connaitra en 1971 un important élargissement avec l'admission de 49 nouveaux membres. Les travaux du « Comité des Fonds Marins » mettaient aux prises deux camps aux vues radicalement opposées sur le statut des océans[90]. Le premier comprenant les Etats du « groupe des 77 » créé à la première CNUCED en 1964 à Genève[91]. Ce groupe deviendra dès 1964 le fer de lance des revendications des Etats en voie de développement dans le cadre des négociations engagées avec les pays du nord pour l'établissement d'un nouvel ordre océanique mondial[92]. Le

---

[87]G., APPOLIS, *Les frontières maritimes en droit international*, Paris, Pedone, 2009, pp. 178-185.

[88]*Idem*, p. 89.

[89] P., WEIL, *Perspective du droit de la délimitation maritime*, Paris, Pedone, 2011, pp. 254-255.

[90]Cfr. C.J., COLOMBOS, *Op.Cit.*, p. 52.

[91]*Idem*, pp. 56-65.

[92]L'atout majeur du « groupe des 77 » était le facteur de leur nombre relativement élevé leur permettant, lors que le mode de prise de décision était soumis à la règle majoritaire selon le principe égalitaire « un Etat, une voix », d'imposer leurs vues. A côté du facteur nombre, l'on pouvait aussi greffer, comme élément d'avantage, leur relative

second comprenait les puissances industrielles. Dès les premiers rounds des négociations, les parties purent trouver un consensus sur le statut des fonds marins qui devaient constituer « le patrimoine commun de l'humanité » insusceptible de toute appropriation nationale.

Toutefois, deux questions essentielles demeuraient pendantes : D'une part, celle de la détermination des limites des juridictions nationales. A ce sujet, il convient de noter une divergence des vues entre Etats. Pour les Etats enclavés ou n'ayant pas de plateau continental tels le Népal, l'Afghanistan ou le Singapour, la juridiction nationale devait être limitée à 40 milles marins, l'Etat côtier devant conserver certains pouvoirs de contrôle au-delà de cette ligne. Les Etats latino-américains et la plupart des Etats africains optèrent, quant à eux, pour une limite de 200 milles marins à partir des côtes des Etats riverains.

Par contre, les Etats industrialisés ne présentaient pas une position commune. Ceux d'entre eux disposant d'une vaste marge continentale comme l'Australie et la Grande-Bretagne étaient plutôt partisans d'une limite s'étendant au-delà de 200 milles marins pour leur permettre de s'approprier une grande part de ressources des fonds des mers. Les Etats-Unis, pour leur part, proposeront une solution de compromis consistant à limiter toute revendication nationale sur le plateau continental à 200 m de profondeur, les ressources situées au-delà de cette limite devant faire partie du « patrimoine commun de l'humanité »[93].

Toutefois, la zone située entre cette limite de 200 m de profondeur et le rebord externe de la marge continentale

---

unité des vues sur les points essentiels de la négociation même si, cette unité pouvait être occultée par leur diversité d'intérêts car partagés entre Etats côtiers, Etats sans littoral, Etats producteurs de métaux extraits des nodules et Etats non producteurs. Mais leur principale faiblesse était de ne pas disposer de connaissance scientifique et de maitrise des techniques d'exploitation des fonds marins.
En revanche, le groupe des puissances industrielles avait comme avantage de disposer des connaissances scientifiques les plus avancées de l'époque sur l'étendue des ressources des fonds marins avec, comme désavantage, leur infériorité numérique ajoutée à leur hétérogénéité (Cfr. G., CHOURAQUI, *Op.Cit.*, pp. 103-110.).

[93] A., MARFFY, *La genèse du nouveau droit de la mer*, Paris, L.G.D.J, 1998, pp. 456-462.

correspondant au point de rencontre entre cette dernière et les abysses devait être placée sous la tutelle internationale[94]. Dans cette zone, l'Etat riverain devait se voir reconnaitre le droit de mise en exploitation des ressources, à charge pour lui de transférer à l'institution internationale qui administrerait les grands fonds marins les deux tiers des redevances perçues des sociétés exploitantes[95]. Cette proposition était la résultante d'intenses tractations entre deux principaux groupes de pression qui pesaient lourd sur la définition de la politique océanique américaine : le groupe de pression militaire fervent défenseur d'une limitation des revendications nationales sur les fonds adjacents aux côtes pour éviter toute entrave à la liberté de mouvement des engins militaires, en particulier les sous-marins, dispositifs nécessaires à la dissuasion stratégique ; à l'opposé, les milieux des compagnies d'exploitation des ressources énergétiques et minérales des fonds marins prônaient une attribution, à l'Etat côtier, de la juridiction la plus extensive possible sur les fonds marins[96].

D'autre part, celle du régime d'exploitation de la zone pour laquelle l'approche des Etats en développement par rapport à celle des puissances industrielles paraissait fondamentalement divergente. Pour les premiers, les fonds marins devaient constituer le « patrimoine commun de l'humanité » et devaient, par conséquent, être placés sous l'autorité d'une organisation internationale devant en assurer l'exploitation[97].

Parallèlement, les puissances industrielles soucieuses d'obtenir un régime attrayant au bénéfice de leurs propres entreprises soutenaient que la mise en exploitation des fonds marins devait revenir aux Etats ou entreprises rattachées à des Etats[98].

Dans ce contexte de désaccord sur le régime d'exploitation des fonds marins, l'Assemblée Générale des

---

[94]O., FERRON, *Op.Cit.*, p. 45.
[95]*Idem*, pp. 470-475.
[96]Cfr. J.P., LEVY, *La conférence des Nations Unies sur le droit de la mer*, Paris, Pedone, pp. 562-571.
[97]*Idem*, p. 89.
[98]P., WEIL, *Op.Cit.*, pp. 52-60.

Nations Unies prendra une mesure conservatoire à travers sa résolution votée en 1969 sous la pression des Etats en voie de développement obligeant, jusqu'à l'établissement d'un régime international, les Etats et toutes les personnes physiques ou morales de s'abstenir de toute activité d'exploitation des ressources des fonds marins[99].

Plus tard, le 17 décembre 1970, les violents purent s'accorder entre les Etats en voie de développement et ceux industrialisés au sein de l'Assemblée Générale des Nations Unies. Ainsi, la quasi-totalité de ses membres (à l'exception notable de l'URSS et de quelques autres Etats qui s'abstinrent) adoptèrent la déclaration de principe sur les grands fonds marins.

Mais, il faut indiquer que cette déclaration ne se limitait qu'à une simple énonciation des principes sans prévision des mesures de leur mise en œuvre. Ainsi, la déclaration consacre-t-elle l'idée que les fonds marins, au-delà des limites de la juridiction nationale, sont « le patrimoine commun de l'humanité » et réservés à des fins exclusivement pacifiques sans prendre l'initiative d'en fixer les limites[100].

De même, la déclaration prévoyait la mise en place d'une institution internationale mais sans définir précisément les contours de ses attributions. Seul le principe de l'affectation de la zone à des fins exclusivement pacifiques fera l'objet d'une application rapide. Sur proposition conjointe des Etats-Unis et de l'URSS, l'Assemblée Générale des Nations Unies adopta un projet de traité sur la dénucléarisation des fonds marins interdisant l'installation d'armes nucléaires ou, plus largement, d'autres types d'armes de destruction massive sur cette zone à 12 milles marins des côtes. A l'évidence, cette solution était de nature à contenter les deux super-grands de l'époque dans la mesure où l'implantation permanente des installations

[99]R.J., DUPUY et D., VIGNES, *Traité du nouveau droit de la mer*, 9ème éd., Paris, L.G.D.J, 2005, pp. 879-882.

[100]Cfr. E., LUCCHINI et M., VOELKEL, *Droit de la mer*, Paris, Pedone, 2008, pp. 789-789.

nucléaires parait désavantageuse tant d'un point de vue financier que stratégique[101].

En outre, alors que les négociations entre le nord et sud sur le rapport des Etats à l'océan étaient jusqu'ici limitées sur la détermination du régime des fonds marins, les Etats en développement s'engouffra dans cette brèche pour exiger l'ouverture d'une négociation globale sur le régime général de la mer[102]. Dans ce sens, l'Assemblée Générale décida, par une résolution, de la convocation d'une nouvelle conférence sur le droit de la mer en 1973 lors de sa session de 1970[103]. Cette convocation faisait suite à une proposition défendue plutôt, en mars 1969, par Malte au Comité de fonds marins tendant à obtenir de ses membres l'adoption du principe de la convocation par une résolution de l'Assemblée Générale des Nations Unies d'une conférence dont le but serait de déterminer jusqu'à quelle distance de ses côtes l'Etat souverain aurait juridiction sur les fonds marins d'une profondeur supérieure à 200 m pour remédier à la formule pour le moins vague de la « juridiction rampante » retenue par la Convention de Genève de 1958[104]. Bien que cette proposition ait reçu les faveurs des Etats latino-américains, ces derniers exigèrent l'élargissement de son ordre du jour à des questions telles la limite du plateau continental, la mer territoriale, la pêche, la conservation des ressources vivantes marines etc…

A l'opposé, les puissances maritimes, peu désireuses de voir une remise en cause d'un droit de la mer qui leur donnait satisfaction, exigèrent une limitation des discussions sur deux points : la limite du plateau continental et la largeur de la mer territoriale. Les tendances appropriationistes de nouveaux Etats sur les espaces maritimes menaçaient gravement le régime de la liberté de la mer auquel les puissances maritimes comme les Etats-Unis et l'URSS restaient fortement attachées. Ainsi, ces Etats tenteront-ils, par des manœuvres diplomatiques, de faire

---

[101]D., ORTOLLAND et J.P., PERAT, *Atlas géopolitique des espaces maritimes : énergie, pêche et environnement*, Paris, Technip, 2009, p.798.

[102]J.P., LEVY, *Op.Cit.*, p. 701.

[103]A., MARFFY, *Op.Cit.*, p. 81.

[104]T., TREVES, « Codification du droit international et pratique des Etats dans le droit de la mer » in *Hérodote* (1998), n°16669, pp. 12-23.

échec à cette proposition de la tenue d'une conférence. Les Etats-Unis, soutenus par l'URSS, feront alors une contre-proposition en termes d'un projet de convention en 3 articles pour parvenir à un accord avec les Etats du sud[105].

En effet, le projet de convention reconnaissait à tout Etat la possibilité d'étendre à 12 milles marins sa mer territoriale. A contrepartie de cette faculté d'extension, les Etats riverains de détroits internationaux devaient maintenir le libre transit dans les détroits recouverts par leurs eaux territoriales[106]. De plus, les Etats côtiers se voyaient reconnaitre des droits limités en matière de pêche sur une zone s'étendant un peu au-delà de 12 milles marins[107].

Mais devant le rejet de ce projet par les nouveaux Etats, les Etats-Unis, dans leur souci de canaliser le mouvement d'appropriation des espaces maritimes, se sont résolus d'accepter l'idée d'une nouvelle conférence à laquelle la résolution de l'Assemblée Générale des Nations Unies avait assigné l'objectif de l'établissement d'un régime global pour l'ensemble des océans (eaux subjacentes et sous-sol marin)[108].

B. Le temps des concertations au sein des groupes régionaux en prévision de l'ouverture des travaux de la conférence.

En préparation aux travaux de la troisième conférence des Nations Unies sur le droit de la mer convoquée par l'Assemblée Générale des Nations Unies à sa session de 1970, les Etats en développement vont se concerter en vue de définir une doctrine commune sur le rapport des Etats à l'océan. Dans cet effort de rapprochement des points de vue sur le futur régime de la mer, les Etats latino-américains joueront un rôle moteur[109].

---

[105]M. R., GOUILLOND, *Droit maritime,* Paris, L.G.D.J, 2002, pp. 78-86.
[106]E., LUCCHINI et M., VOELKEL, *Op.Cit.,* pp. 132-126.
[107]D., ORTOLLAND et J.P., PERAT, *Op.Cit.,* p.96.
[108]E., PONTAVILE et P., CORDIER, *La mer et le droit,* Paris, Pedone, 1999, pp. 789-794.
[109]*Idem, p.* 156.

En effet, dès mars 1970, un groupe de 9 Etats latino-américains revendiquant des eaux territoriales de 200 milles marins vont tenir une réunion à Montevideo. D'un raillant résolument appropriationiste, le texte de la déclaration commune de cette rencontre défendait l'idée selon laquelle l'Etat riverain ne peut fixer les limites de sa juridiction maritime que « conformément aux caractéristiques géographiques et géologiques et en fonction des facteurs qui conditionnent l'existence des ressources maritimes et les besoins de leur exploitation rationnelle »[110]. La limitation de l'étendue des espaces maritimes sous la souveraineté étatique devait donc relever du pouvoir discrétionnaire de l'Etat qui peut la porter à n'importe quelle distance[111].

Peu après, en août 1970, l'ensemble des Etats latino-américains, à l'exception notable de Cuba et d'Haïti, tentèrent de définir, à Lima, une position commune même si, cet ambitieux objectif ne fut pas atteint en raison des divergences des vues entre Etats. En juin 1972, 14 Etats de la région des caraïbes se réunirent à Saint-Domingue. La fin de cette rencontre sera marquée par une déclaration commune assortie des recommandations ayant tout l'ère d'un compromis entre les Etats « territorialistes » et ceux résolument « libéraux »[112].

En effet, la déclaration donne la latitude à tout Etat de procéder à l'extension de la largeur de sa mer territoriale jusqu'à une distance de 12 milles marins de son littoral en attendant la formalisation d'un accord international à ce sujet[113].

En outre, au-delà de la mer territoriale, ces Etats vont se prononcer pour l'établissement d'une « mer patrimoniale » dont la largeur, qui devait faire l'objet d'un accord international, ne pouvait dépasser 200 milles marins. Fruit de la créativité d'esprit dont était emprunt la rencontre de Saint-Domingue, la « mer patrimoniale » avait un régime largement favorable à l'Etat riverain. Ainsi, le texte de la déclaration commune reconnaissait-t-elle au profit de ce dernier des droits souverains

[110]T., TREVES, *Op.Cit.*, pp. 120-125.
[111]V.D., MENSBRUGGHE, « Pouvoir de police des Etats en haute mer » in *Revue générale de droit internationale public*, (2011), n°1569, pp. 25-31.
[112]O., FERRON, *Op.Cit.*, p. 98.
[113]*Idem*, pp. 32-33.

se conjuguant en termes des pouvoirs exclusifs d'exploitation des eaux du sol et du sous-sol de la « mer patrimoniale » mais également de réglementation contre la pollution et de la recherche scientifique[114].

Toutefois, pour ménager les Etats aux tendances libérales, la liberté de navigation et de survol des navires et des avions relevant d'autres Etats comme celle de procéder à la pose des câbles ou des pipelines sous-marines devait être de rigueur dans cet espace. La « mer patrimoniale » devait être suivie du plateau continental dont le régime juridique se voulait être une copie conforme aux dispositions de la Convention de 1958 à ce sujet[115].

Enfin, reprenant les thèses portées par les Etats en développement, la déclaration de Saint-Domingue réaffirmait avec force le principe des fonds marins « patrimoine commun de l'humanité ». S'agissant de leur limite, l'idée retenue était de la situer au-delà de la « mer patrimoniale » ou, dans l'hypothèse d'un dépassement de la « mer patrimoniale » par le plateau continental, au-delà de ce dernier[116].

Quant à son régime juridique, ces Etats du Caraïbes, dans la droite lignée des revendications des Etats en développement dans le cadre du Comité des fonds marins, exprimèrent le souhait selon lequel une « autorité internationale », par voie d'accord international, soit mise en place et soit dotée d'un pouvoir exclusif d'exploitation des ressources de la zone[117].

Peu après, les initiatives de concertation régionale en préparation de la troisième conférence des Nations Unies sur le droit de la mer cesseront d'être l'apanage des Etats latino-américains. Dans cette bataille pour la régulation de la mer, d'autres Etats en développement chercheront à faire valoir leur position. Parmi ceux-ci figurent en bonne place les Etats africains qui, à Yaoundé du 20 au 30 juin 1972, vont organiser un séminaire sur le droit de la mer à l'issue de laquelle des

---

[114]Cfr. E., PONTAVILE et P., CORDIER, *Op.Cit.*, pp. 145-154.
[115]Cfr. D., ORTOLLAND et J.P., PERAT, *Op.Cit.*, p. 56-63.
[116]*Idem*, p. 89.
[117]J.L., MESEGUER, « Le régime juridique de l'exploitation des stocks communs de poissons au-delà des 200 milles » in *Revue générale de droit international public*, (2008), n°1589, pp. 96-100.

recommandations très proches de celles de la déclaration de Saint-Domingue susmentionnée furent formulées. Le 20 juillet 1972, ces recommandations furent soumises au jugement du Comité des fonds marins. Par la suite, Addis-Abeba, siège de l'OUA abritera du 17 au 24 mai 1973 une réunion du Conseil des ministres de cette institution à vocation panafricaine laquelle va aboutir à l'adoption d'une « déclaration sur les questions relatives au droit de la mer »[118]. Dans les deux textes, la doctrine appropriationniste commune aux Etats en développement sera réaffirmée car il s'est agi de l'extension de la juridiction de l'Etat riverain qui devait porter tout à la fois sur la mer territoriale et sur une « zone économique exclusive »[119].

En réalité, c'était là l'expression d'un souci de compromis entre les tenants d'une extension considérable de la mer territoriale et ceux plus réticents à une telle extension, mais envisageant fortement la soustraction de larges surfaces maritimes à l'exploitation des Etats tiers. A condition de créer une « zone économique exclusive » susceptible d'extension jusqu'à 200 milles marins des côtes, les partisans de l'extension s'engageaient à se contenter même d'une mer territoriale relativement étroite. D'invention purement africaine, la « zone économique exclusive » correspondait à la « mer patrimoniale » de la déclaration de Saint-Domingue des Etats du Caraïbes[120].

En effet, comme sur la « mer patrimoniale », l'Etat riverain ne pouvait exercer sur sa « zone économique exclusive » une souveraineté au sens de celle lui reconnu sur son territoire terrestre ou sa mer territoriale mais simplement des droits souverains limités à l'exploration et à l'exploitation des ressources naturelles des eaux, du sol et du sous-sol marins. En revanche, il ne pouvait nullement porter atteinte à la liberté de navigation et de survol ou à la pose de câbles et de pipelines par d'autres Etats[121].

Néanmoins, il n'est pas sans intérêt de souligner qu'emprunt d'un certain esprit de solidarité, la « zone économique exclusive » africaine se distinguait nettement de la

---

[118]O., FERRON, *Op.Cit.*, p. 96.
[119]V. D., MENSBRUGGHE, *Op.Cit.*, pp. 789-798.
[120]Cfr. M. R., GOUILLOND, *Op.Cit.*, pp. 786-795.
[121]*Idem*, p. 58.

« mer patrimoniale » des Etats du Caraïbes du fait que son exploitation devait être faite dans l'intérêt de l'ensemble des Etats africains et ce, en particulier, au profit de ceux d'entre eux sans littoral ou géographiquement désavantagés lesquels devaient se voir reconnaitre un droit prioritaire à l'exploitation de la « zone économique exclusive » d'un Etat africain voisin. A considérer le nombre tout à fait impressionnant de 14 Etats sans littoral ou géographiquement désavantagés en Afrique, la mise en œuvre d'une telle mesure avait tout son pesant d'or même si, selon la conception qui avait prévalu successivement à Yaoundé et à Addis-Abeba, l'Etat riverain resterait souverain dans la détermination des avantages à accorder aux autres Etats africains particulièrement à ceux sans littoral ou géographiquement désavantagés sur sa zone économique exclusive[122]. Le contrôle régional ou continental de la mise en œuvre de cet engagement restait donc inopérant au risque de le rendre simplement hypothétique. L'on ne pourrait d'ailleurs s'expliquer autrement l'activisme de cette catégorie d'Etats africains au sein du groupe des 53 Etats sans littoral et géographiquement désavantagés[123].

En outre, s'agissant des fonds marins situés au-delà des limites des juridictions nationales, les Etats africains étaient plutôt favorables à l'idée d'un placement sous la gestion d'un organe international doté des pouvoirs importants qui consisteraient non seulement en une juste répartition entre Etats en développement des recettes issues des prélèvements fiscaux perçus des entreprises exploitant les fonds marins ou des dividendes provenant de leur mise en exploitation par l'organisme international lui-même mais aussi d'assurer la protection des Etats dont les économies pouvaient connaitre une forte perturbation du fait de l'exploitation des métaux précieux des fonds marins dont l'exportation constituait la source principale de revenus pour certains Etats[124]. C'est dans ce sens que le représentant de la Tanzanie au Comité des fonds marins présenta, dès 1971, un « projet de statut d'une autorité

[122]J.L., MESEGUER, *Op.Cit.*, pp. 14-18.
[123]Cfr. H., BEGARIE, *L'océan globalisé : géopolitique des mers au XXème siècle*, Paris, Economica, 2008, pp. 254-260.
[124]*Idem*, p. 321.

internationale sur les fonds marins » même si, il convient de noter qu'au-delà des espaces sous juridiction nationale, l'Afrique ne portait pas seulement son intérêt sur l'établissement du régime des fonds marins mais également sur une réglementation internationale plus accrue des différents usages de la mer. Dans le domaine de la réglementation de la pêche en haute mer, par exemple, les Etats africains étaient favorables à un renforcement du rôle de l'Organisation pour l'Alimentation et l'Agriculture[125].

Par ailleurs, les Etats asiatiques vont eux-mêmes, en soutien aux initiatives sud-américaine et africaine, engager une concertation régionale en prélude de l'ouverture de la conférence. A l'occasion de la réunion du Comité juridique consultatif afro-asiatique de janvier 1972, ils vont exprimer leur suggestion consistant en une reconnaissance, au profit de l'Etat riverain, des droits exclusifs sur des ressources situées au-delà de sa mer territoriale[126].

Enfin, en 1972, alors que la date de l'ouverture de la conférence se rapprochait d'avantage, les Etats archipels du sud tels l'Indonésie, les Philippines, Fidji et Maurice tenteront de faire valoir leur position. Réunis à Manille, ces 4 Etats vont défendre l'idée selon laquelle les eaux et les îles d'un archipel soient considérées comme formant un tout, l'Etat archipel devant exercer sa pleine souveraineté sur un espace océanique dont la délimitation devait être faite sur base d'une série de lignes droites assurant la liaison des îles extrêmes du groupe d'îles. La mer territoriale ne serait située qu'au-delà de ces lignes. Dans ce polygone ainsi défini, l'Etat archipel devrait exercer sa souveraineté sur les eaux, le fond des mers, l'espace aérien ainsi que leur ressource. L'Etat archipel devait ainsi avoir compétence pour définir des couloirs de navigation sur lesquels le droit de passage inoffensif était imposable à tout navire étranger. Le critère d'éligibilité au statut d'Etat archipel selon la conception qui avait prévalu à Manille restait pour le moins restrictif. Car, l'Etat prétendant à ce statut devait être composé

---

[125]M., SIBERT, « La police de haute mer » in *Hérodote*, (11 mars 2000), n°1236, pp. 25-36.

[126]V. D, MENSBRUGGHE, *Op.Cit.*, pp. 45-60.

d'îles entretenant entre eux des rapports si étroits au point de constituer un tout géographique, économique et politique ou, tout au moins, devait avoir été considéré comme tel[127].

De ce qui précède, il est évident que les prétentions territoriales des Etats archipels avaient pour conséquence de sortir des vastes étendues de la mer sous le régime traditionnel de la liberté de la haute mer pour une insertion dans l'espace d'exercice de la souveraineté des Etats archipels. Ainsi, certains Etats archipels devaient-ils bénéficier d'une extension territoriale considérable sans commune mesure avec l'étendue de leur territoire terrestre. A titre d'exemple, la seule zone économique de Tonga représenterait 850 fois sa surface terrestre soit un million de km^2, celle de Maurice serait plus de 562 fois plus grande que sa surface terrestre et celle des Philippines un peu moins de 7 fois plus importante que sa surface terrestre[128].

En réaction contre ces différentes prises de position, le rejet des puissances industrielles fut sans nuance. Ainsi, vont-t-elles s'opposer à l'établissement d'une « zone économique exclusive » de 200 milles marins craignant un probable glissement de la notion vers celle de mer territoriale qui portait gravement atteinte à la liberté de navigation[129]. Cette opposition portait également sur la nature des droits que les Etats en développement entendaient faire reconnaitre au profit de l'Etat riverain. Contre des droits exclusifs préconisés par les Etats en développement accordant au seul Etat riverain la faculté de disposition des ressources de la pêche de sa « zone économique exclusive », les Etats industrialisés mettaient en avant la notion des « droits préférentiels ». Cette dernière notion se distinguait nettement de la précédente dans la mesure où elle n'implique aucunement une consécration de l'exclusivité des droits reconnus à l'Etat riverain mais simplement une forme de priorité par rapport aux autres Etats. Ce qui s'apparentait bien en une reconnaissance, au profit des autres Etats, d'un droit de mise en exploitation des ressources halieutiques en cas de refus

---

[127] M., VASSILLIADES, « L'Etat archipel, une notion plus politique que juridique », in *Revue* générale *de droit international public*, (20 juillet 2002), n°1256, pp. 32-36.
[128] R., LATTION, *L'archipel en droit international*, Paris, L.G.D.J, 2005, pp. 254-260.
[129] *Idem.*, pp. 284-290.

ou d'une incapacité de l'Etat riverain d'exploiter la totalité des ressources capturables[130].

En outre, les puissances maritimes occidentales réagirent avec vigueur contre les revendications territoriales de certains Etats en développement qui, en raison de leur géographie particulière, constituait une catégorie spécifique : les Etats archipels et ceux riverains de détroits servant à la navigation internationale. Ce rejet de la prétention des Etats archipels consistant à revendiquer un caractère d'unité géographique dans la détermination de leurs espaces maritimes et dont la conséquence, comme indiquer ci-haut, serait de sortir des pans entiers des étendues maritimes du traditionnel régime de la liberté de la haute mer pour une soumission à la souveraineté étatique pouvait avoir une double explication[131]. Pour les puissances maritimes, l'enjeu stratégique de la liberté en mer était la préservation de la mobilité de leurs flottes de guerre ou commerciales qu'un régime du passage inoffensif qu'entendaient faire appliquer les Etats archipels dans les eaux archipélagiques ne pouvait nullement garantir et ce, d'autant plus que, la décision du caractère inoffensif ou non revenait, en dernière analyse, à l'Etat riverain[132]. Qui plus est, certains Etats, comme les Philippines, estimaient déjà qu'il ne pouvait, à n'aucune façon, y avoir un passage inoffensif des navires de guerre et d'autres encore considérant menaçant certains navires sur le seul critère soit de leur pavillon, soit de leur cargaison, soit encore de leur destination[133].

Au plan purement économique, cette réticence des puissances maritimes à reconnaitre le statut archipélagique au profit des Etats trouvait explication dans les graves entraves qu'elle devait porter à la pratique de la pêche hauturière menaçant ainsi leurs intérêts économiques en particulier ceux du Japon dont les flottes de pêche sillonnaient les océans en effectuant d'importantes captures des ressources halieutiques[134].

---

[130]H., BEGARI, *Le meilleur ambassadeur : Théorie et pratique de la diplomatie navale*, Paris, Economica, 2007, pp. 440-445.

[131]M., VOELCKEL, « où en est le compromis ? », *Bulletin du droit de lamer*, (12 janvier 1980), n°17569, pp. 36-45

[132]H., BEGARIE, *Op.Cit.*, pp. 456-465.

[133]*Idem.*, pp. 63-74.

[134]Cfr. E., PONTAVILE et P., CORDIER, *Op.Cit.*, pp. 98-102.

On ne peut d'ailleurs s'expliquer autrement la vive protestation de ces puissances maritimes (Etats-Unis, Australie, Grande-Bretagne et Japon) lorsqu'en 1957, certains Etats archipels sont allés jusqu'à revendiquer leur souveraineté sur les eaux situées à l'intérieur des lignes de base joignant les points extrêmes de l'archipel mettant en avant l'idée selon laquelle chaque île devait avoir sa propre mer territoriale ne pouvant nullement constituer une unité avec celle des îles voisines. Dès lors, les surfaces océaniques situées entre ces îles, au-delà de leurs mers territoriales, devraient faire partie de la haute mer[135].

Dans un souci de compromis, la Grande-Bretagne soumettra, en 1973, au Comité des fonds marins une proposition reconnaissant le statut archipélagique à contrepartie de la fixation de certaines limites tendant à la préservation de la liberté de navigation[136]. Il s'est agi de la limitation de la largeur des lignes de base, de l'établissement d'un ratio terre-mer limitant le nombre des groupes d'îles susceptibles d'exercer leur souveraineté sur les eaux situées entre les îles et de l'institution d'un régime double pour les eaux archipélagiques lesquelles devraient être soumises au régime du passage inoffensif, à l'exception notable de celles servant traditionnellement à la navigation internationale sur lesquelles le régime du passage sans entrave serait garanti aux navires étrangers. Toutefois, cette proposition britannique de compromis n'avait pu faire l'objet d'un accord formel entre parties.

Quant au second groupe d'Etats, les Etats riverains de détroits servant à la navigation internationale revendiquant l'établissement d'un régime de passage inoffensif sur les détroits, ils virent leur prétention subir le même rejet que la précédente[137]. Comme l'indiquaient déjà les deux projets déposés successivement au Comité des fonds marins par les Etats-Unis en juillet 1971 et par l'URSS en juillet 1972, il ne pouvait nullement être question pour les puissances maritimes d'accepter l'idée de l'établissement d'un régime de passage

---

[135]M. R., GOUILLOND, *Op.Cit.*, pp. 456-466.
[136]*Idem*, p. 102.
[137]Cfr. H., CAMINOS, « Le régime des détroits dans la conventions des Nations Unies de 1982 », in *Bulletin du droit de la mer, (11février 2009), n°1563, pp. 32-45.*

inoffensif sur les détroits[138]. Aussi proposaient-t-elles, le maintien du régime de passage en libre transit sur les détroits internationaux pour garantir à leurs navires et aéronefs une entière liberté de navigation et de survol similaire à celle de la haute mer, les sous-marins pouvant même faire une traversée en plongée[139].

Devant la radicalité de l'opposition entre les deux parties, les Etats-Unis purent, dans un souci de compromis, apporter un réajustement à la notion de libre transit de la haute mer originairement défendue en proposant désormais celle plus limitée de transit sans entrave[140]. Cette dernière notion reconnaissait à l'Etat riverain du détroit le pouvoir d'émission des règles de sécurité, celles de l'Organisation Maritime Consultative Intergouvernementale (OMCI) et celles de l'Organisation de l'Aviation Civile Internationale (OACI) devant rester d'application. L'Etat sous le pavillon duquel un bâtiment navigue pourrait ainsi se voir tenu pour responsable des accidents causés par ce dernier[141].

En réaction à cette proposition américaine, une contre-proposition d'un groupe de 8 Etats riverains des détroits fut déposée au Comité des fonds marins. Dans cette contre-proposition, les cosignataires réaffirmèrent leur position de départ à savoir que dans les eaux territoriales constituant un détroit international, le maintien du régime de passage inoffensif devrait être de rigueur. Bien plus, ces Etats vont même se réserver le droit d'exiger une notification ou une autorisation préalable pour tout passage des navires de guerre étrangers et des bâtiments présentant des caractéristiques spéciales tels les navires à propulsion nucléaire ou ceux se

---

[138]C., HILL, « Le régime international des détroits maritimes », in *Hérodote* (15 juin 2003), n°1823, *pp. 45-52.*

[139]Cfr. R., LAPIDOTH, *Les détroits en droit international,* Paris, Dalloz, 2009, pp. 751-760.

[140]D., MOMTAZ, « La question des détroits à la troisième conférence des Nations Unies sur le droit de la mer », *Bulletin de droit international* (25 décembre 1996), n° 1963, pp. 10-23.

[141]S. KARAGIANIS, « L'élément fonctionnel dans la définition des détroits internationaux », in *Hérodote*, (26 octobre 1998) n° 17896, pp. 12-23.

livrant à la recherche scientifique, à la pêche ou transportant des armes ou des subsistances nucléaires[142].

Paragraphe II. De l'accentuation du clivage Nord-Sud sur la régulation de la mer au compromis historique de Montego Bay

Successivement tenus à Caracas et Genève, les différents rounds de négociation purent aboutir sur un rapprochement des vues sur l'essentiel des points de discussion au-delà du désaccord sur la question de la gestion des fonds marins (A). Finalement, la convention de Montego Bay aura l'honneur de gommer ce dernier point de désaccord en circonscrivant la liberté en mer sur la haute mer et la zone, à laquelle elle rattache la notion de « patrimoine commun de l'humanité » (B).

A. De Caracas à Genève : Une négociation oscillant entre compromis et durcissement des positions

Au-delà de l'opposition entre les puissances maritimes et les Etats en développement, les différents protagonistes s'étaient résolus à faire certaines concessions (I), alors que, sur la question de la gestion des fonds marins, les protagonistes avaient toujours des positions divergentes (II).

I. Infléchissement des positions de départ

En 1974, en pleine session de Caracas, on a pu observer un certain rapprochement de différentes positions des protagonistes. Ainsi, les puissances maritimes, comme les Etats-Unis et l'URSS, commencèrent, quoique timidement, à admettre l'idée de l'institution d'une zone économique exclusive allant même jusqu'à une distance de 200 milles marins à condition d'y maintenir la liberté de navigation. Le Japon, puissance maritime pratiquant la pêche hauturière, s'opposait encore au processus[143]. En réalité, le compromis ne

---

[142] M. R., GOUILLOND, *Op.Cit.*, p. 56.
[143] J.P., QUENEUDEC, *La zone économique exclusive,* Paris, Dalloz, 2003, pp. 789-796.

sera mis au point qu'en 1977 lorsqu'est intervenu un accord entre puissances maritimes et Etats côtiers en développement sur le statut juridique de la zone économique exclusive[144].

En effet, une divergence de vue subsistait encore entre puissances maritimes et Etats côtiers en voie de développement sur la nature juridique de la zone économique exclusive. Pour les premiers, la zone économique exclusive ne devaient être considérer que comme une partie de la haute mer même si, l'Etat riverain devrait s'y voir reconnaitre des droits d'exploitation de ses ressources. Le principe de liberté, fondement du régime de la haute mer, devait donc y subsister[145]. Quant aux Etats côtiers en voie de développement, leurs prises de position ne présentaient aucune forme d'homogénéité. Pour les plus radicaux d'entre eux, les territorialistes pures et durs, comme le Pérou, la zone économique exclusive n'était qu'une partie de la mer territoriale sur laquelle le régime de la liberté de navigation ne pouvait nullement être d'application. Certains autres défendaient plutôt l'idée d'une zone économique prolongement de la mer territoriale sur laquelle les Etats tiers se voyaient reconnaitre un droit de libre navigation[146]. Plus conciliant encore, les plus modérés du groupe des Etats côtiers en voie de développement mettaient en avant l'idée d'une zone sui generis au statut spécifique ne pouvant se réduire à une partie de la haute mer ou en un simple prolongement de la mer territoriale[147]. Finalement, le compromis Nord-Sud va se construire autour de cette thèse charnière entre les deux extrêmes en reconnaissant tout à la fois, au profit de l'Etat côtier, des droits d'exploration et d'exploitation des ressources de la zone économique exclusive tout en y préservant la liberté de navigation pour les Etats tiers.

De plus, au-delà de ce simple rapprochement des positions, les Etats industrialisés iront jusqu'à mettre en application la doctrine appropriationiste des Etats en

[144]F., WODIE, *Les intérêts économiques et le droit de la mer*, Paris, Economica, 2008, pp. 456-465.
[145]*Idem*, pp. 56-63.
[146]F., ORREGO VICUN, « La ZEE dans la législation et la pratique des Etats », in *Bulletin du droit international*, (23 novembre 2000), n°1568, pp. 21-32.
[147]M. R., GOUILLOND, *Op.Cit.*, p. 56.

développement en procédant eux aussi, de manière unilatérale, à l'extension de leur juridiction sur des vastes étendues maritimes allant jusqu'à 200 milles marins[148]. C'est l'Islande qui sera le premier à briser le tabou en procédant, en 1975, à l'extension de sa zone de pêche à 200 milles marins[149]. Comme un effet de contagion, l'audace islandaise devait rapidement faire des émules parmi d'autres Etats développés. Ainsi, le 1 janvier 1977, la Norvège et le Canada se dotèrent-t-elles respectivement d'une zone économique exclusive et d'une zone de pêche de 200 milles marins[150]. En réaction, les Etats membres des Communautés européennes, à l'exception notable du Luxembourg et de l'Italie, se sentant directement frapper par ces mesures du fait qu'une bonne part de leur pêche était effectuée dans ces eaux norvégienne et canadienne jusqu'alors parties intégrantes de la haute mer établirent eux aussi des zones de pêche de 200 milles marins. En France, le parlement votera une loi en juillet 1976 autorisant le gouvernement à établir, au large de telle ou telle autre côte, en cas de nécessité, une zone économique exclusive. Cette loi connaitra un début de mise en œuvre dès février 1977 sur ses côtes de l'Atlantique, de la Manche et de la mer du Nord[151]. Au même titre concerné, les Etats-Unis ne resteront évidemment pas sans réaction puisque, dès le 1er mars 1977, le gouvernement américain va lever l'option d'établir une zone de pêche de 200 milles marins.

Pour sa part, l'Union soviétique qui, en réaction à la mesure norvégienne s'était déjà dotée d'une zone de pêche de 200 milles marins dans la mer Barents, va prendre en ce même jour du 1 mars 1977, une décision par laquelle elle s'autorisait désormais à instituer ce type de zone sur l'ensemble de ses côtes en cas de nécessité. De même, le Japon fit un revirement

---

[148]F., RIGALDIES, « La zone économique exclusive dans la pratique des Etats », in *Revue* générale *de droit international public*, (26 mai 2007), n°18654, pp. 43-50.

[149]A l'évidence, cette prétention de l'Islande de procéder à l'extension de sa zone de pêche à 200 milles marins ne pouvait qu'heurter gravement les intérêts économiques de la Grande Bretagne rappelant le fameux épisode de la « guerre de la morue » qui va se solder, en juin 1976, par un accord bilatéral passé entre Londres et Reykjavik lequel posait le principe de la limitation du nombre des chalutiers britanniques autorisés à pêcher dans la zone islandaise (Cfr. H., CAMINOS, *Op.Cit.*, pp. 456-465.).

[150]D., NGUYEN, « Revendication de droits préférentiels de pêche en haute mer », in *Revue* générale *de droit international public*, (20 juin 1997), n°14856, pp. 32-33.

[151]*Idem*, p. 456.

spectaculaire de sa position traditionnellement hostile à la notion de zone économique exclusive en se dotant d'une zone de pêche de 200 milles marins le 1er juillet 1977 tout en procédant à l'extension de sa mer territoriale jusqu'à la distance de 12 milles marins. En 1977, la Nouvelle-Zélande et l'Espagne prirent à leur tour le train de l'extension de la souveraineté étatique sur la mer en instituant respectivement une zone de pêche de 200 milles marins et une zone économique exclusive. Enfin, l'Australie et la Suède, une année plus tard, suivant le mouvement, se dotèrent également chacune d'une zone de pêche de 200 milles marins[152].

Par ailleurs, après des difficiles tractations entre différents protagonistes, un compromis pu être trouvé sur l'épineux dossier du régime des détroits et celui applicable aux archipels[153].

En ce qui est du régime des détroits, l'esquisse du compromis, comme on a vu précédemment, est à remonter à la proposition américaine de 1972 marquant un passage des puissances maritimes de l'idée de libre transit fermement défendue jusqu'ici à celle, plus conciliante, de transit sans entrave [154]. A pleine session de Caracas, cette notable évolution de la position des puissances maritimes connaitra une incorporation dans un document de travail en forme d'articles présenté par le Royaume-Uni le 3 juillet 1974. Cette proposition établissait un net distinguo entre les détroits vitaux pour la navigation internationale et les autres, les détroits vitaux étant, au sens du document de travail britannique, ceux faisant communiquer deux parties de la haute mer, à condition d'être la seule route d'accès. Inflexibles, les Etats riverains groupés autour d'une proposition faite collectivement par la Malaisie, le Maroc, Aman et le Yémen le 22 juillet 1974 vont réaffirmer leur position de départ.

Ce n'est qu'à la session de Genève, un an plus tard, qu'un texte de compromis fut élaboré par un groupe informel sur les

---

[152]J., CARROZ, « Le nouveau droit des pêches et notion d'excédent », in *Revue générale de droit international public, (28 juillet 1995), n°1263, pp. 32-45.*

[153]*Idem,* pp. 51-53.

[154] J.P., QUENEUDEC, « Les rapports entre la zone de pêche et la zone économique exclusive », in *Bulletin du droit international,* (17 mars 1997), n°12548, pp. 45-50.

concerné. Ainsi, l'Union soviétique dont 80 % des pêches provenaient jusqu'alors de la haute mer et qui attachait une importance primordiale à la liberté de circulation en mer pour assurer une totale mobilité à sa flotte de guerre se voyait obliger de faire prévaloir ses intérêts stratégiques au détriment de ses intérêts d'Etat pêcheur.

De même le Japon, Etat à la pêche lointaine, disposant d'une importante flotte commerciale et fortement dépendant des communications maritimes pour assurer son approvisionnement en hydrocarbures mais n'ayant aucun intérêt stratégique direct à défendre (seulement indirect par l'entremise des Etats-Unis) a sacrifié ses intérêts de pêche au bénéfice de ces intérêts commerciaux. Désormais, comme l'URSS, le Japon devait négocier l'accès de ses pêcheurs dans les zones des autres Etats, le droit de pêche étant délivré, à titre onéreux, à l'issue des négociations[161].

En revanche, il en va tout autrement pour les Etats membres de la Communauté Européenne et des Etats-Unis qui n'avaient là que sacrifié une liberté de pêche d'importance moindre pour leurs économies pour s'assurer de la préservation du régime de la liberté de navigation[162]. Pour les Etats membres de la CEE, par exemple, dont les pêches provenaient, pour une bonne part, de l'Atlantique, de la Manche et de la mer du Nord et qui avaient, dès 1977, procédé à la définition d'une politique communautaire sur la pêche avec comme fondement le principe de non-discrimination permettant à chacun des Etats de continuer à pêcher dans les zones des autres Etats, l'impact de la suppression de la liberté de la pêche était quasi nul[163].

Quant aux Etats-Unis, attachés comme l'URSS aux considérations d'ordre plutôt stratégique, son choix de sacrifier ses intérêts de pêche était presque évident et ce, d'autant plus qu'il ne pratiquait pas une pêche éloignée de ses côtes, à l'exception des chalutiers américains de la côte ouest sillonnant le Pacifique sud à la recherche des thons et à la satisfaction desquels, le gouvernement américain mettait en avant une

---

[161]M. R., GOUILLOND, *Op.Cit.*, pp. 456-461.
[162]D., MOMTAZ, *Op.Cit.*, pp. 654-657.
[163]M., VOEOLCKEL, « Les lignes de base dans la convention de Genève sur la mer territoriale », in *Bulletin du droit de la mer*, (16 mars 2005), n°12541, pp. 52-60.

étrange doctrine consistant à établir une distinction entre les poissons sédentaires qui appartiendraient aux riverains et les poissons migrateurs, tels les thons, pour lesquels aucun Etat n'était fondé à revendiquer un quelconque droit de propriété. Cette doctrine américaine rappelait, non sans humour, les comiques guerres de la langouste ayant opposé la France au Brésil et celle du crabe entre le Japon et l'Union soviétique, la question étant de savoir si la langouste et le crabe nageaient ou marchaient[164]. Dans la première hypothèse, ils seraient un patrimoine commun à tous les Etats du monde alors que dans la seconde, seul le propriétaire du plateau continental pouvait prétendre à leur insertion dans son patrimoine[165].

Ce soudain rapprochement des vues entre les puissances maritimes et les Etats côtiers en développement portait gravement préjudice à un groupe particulier d'Etats, ceux géographiquement désavantagés ou sans littoral dont les intérêts étaient jusqu'ici occultés par le clivage Nord-Sud qui avait marqué de son empreinte le processus d'institution, dans un cadre onusien, d'un traité monolithique sur la mer. Conscients de leur communauté d'intérêts, ces Etats, pour peser dans les négociations engagées dans le cadre de la conférence, vont créer tout un groupe de concertation, le groupe des « pays enclavés et géographiquement désavantagés » en 1975 à Genève. Les revendications portées par ce groupe étaient de deux ordres : le libre accès à la mer et l'égalité des droits en matière d'exploitation des ressources océaniques[166].

Au sens des Etats géographiquement désavantagés et enclavés, le libre accès à la mer implique non seulement un droit de libre transit sans réserve entre l'Etat sans littoral et celui côtier voisin, un droit de libre navigation pour les navires battant pavillon d'un Etat sans littoral mais aussi le strict respect d'une égalité de traitement dans les ports des Etats côtiers[167]. La consécration juridique du principe d'égalité en

---

[164]*Idem*, p. 49.

[165]Cfr. C.A., COLLIARD, « Principes et règles de droit international applicables en matière de délimitation maritime », in *Revue générale de droit international public*, (23 mars 1998), n°16547, pp. 12-25.

[166] *Idem*, p. 29.

[167]D., MOMTAZ, *Op.Cit.*, pp. 456-465.

droit avec les Etats côtiers dans le domaine de la navigation, principe déjà affirmé par la Déclaration de Barcelone de 1921 et reprise dans la Convention de Genève sur la haute mer de 1958, était d'une importance capitale pour certains de ces Etats disposant d'une flotte importante. Cette revendication de la liberté en mer a pu trouver les faveurs des Etats côtiers[168].

Par contre, il en a été tout différemment s'agissant de la seconde revendication tendant à obtenir des puissances maritimes et des Etats côtiers en développement la reconnaissance d'une égalité des droits en matière d'exploitation des ressources maritimes.

En effet, dans l'incapacité d'empêcher l'institution des zones économiques exclusives par les Etats côtiers sur base d'un accord entre puissances maritimes et Etats côtiers en développement, ces Etats n'ont même pas pu obtenir d'eux la reconnaissance des droits particuliers sur leurs zones économiques exclusives. Les puissances maritimes et les Etats côtiers en développement ne vont accepter que de discuter d'un accès des Etats géographiquement désavantagés aux ressources halieutiques de leurs zones économiques exclusives dans le cadre plutôt limité à leur situation régionale. Ce droit d'exploitation reconnu aux Etats géographiquement désavantagés ne devait porter que sur les excédents par rapport à la capacité de capture des pêcheurs de l'Etat côtier mais à condition d'avoir subi un préjudice[169]. Ce qui rendait ce droit d'exploitation hypothétique, les Etats côtiers considérant que n'ayant jamais pratiqué la pêche, les Etats enclavés ne pouvaient se prévaloir d'un quelconque préjudice.

Par ailleurs, les Etats enclavés redoutaient les extensions des juridictions nationales opérées par les Etats côtiers lesquels réduisaient fortement l'étendue de la zone internationale des fonds marins, une zone, à l'exploitation de laquelle ils étaient fondés à revendiquer un droit à l'exploitation. Cette inquiétude trouvait son fondement dans la remise en cause de la limite extérieure du plateau continental fixé par la Convention de 1958 soit l'isobathe de 200 m correspondant à la limite de

[168] L., COLLARD, *Op.Cit.*, p. 25.
[169] *Idem*, pp. 45-46.

l'exploitabilité par un nombre croissant d'Etats côtiers préférant au vieux critère d'exploitabilité celui de distance. Pour eux, cette limite d'exploitabilité devait se confondre avec le rebord externe de la marge continentale ou la ligne s'étendant à 200 milles marins des côtes de l'Etat riverain lorsque le rebord externe n'atteint pas cette distance. Cette approche butait à une sérieuse difficulté, celle de la détermination exacte du rebord externe de la marge continentale[170]. A cet effet, l'Islande va proposer, dès 1976, une formule permettant de le calculer[171]. Formule aux accents particulièrement extensifs en ce qu'elle permettait aux Etats côtiers de s'approprier l'ensemble des fonds marins qui ne sont pas abyssaux, elle donnait la possibilité à une quarantaine d'Etats de procéder à l'extension de leur juridiction sur les fonds marins au-delà de 200 milles marins et même, pour certains d'entre eux tels le Canada, l'Irlande, les Etats-Unis, la Grande Bretagne et le Sri Lanka, à une distance au-delà de 300 milles marins. Sans surprise, la formule irlandaise avait vite reçu l'appui des Etats industrialisés, en particulier, ceux membres de la Communauté Européenne et les Etats-Unis. L'URSS, plus prudente et d'abord soucieuse de limiter, autant que possible, l'extension des compétences des Etats côtiers sur les fonds marins et exprimant sa crainte d'une répercussion inattendue sur les eaux, proposa une limitation à 300 milles marins de la largeur maximale du plateau continental.

Quant aux Etats géographiquement désavantagés, une telle perspective restait, à l'évidence, inacceptable même si, finalement, ces Etats s'étaient résolus à accepter l'idée d'extension du plateau continental au-delà de 200 milles marins à condition d'une participation effective aux bénéfices tirés de son exploitation. Toutefois, la plupart d'Etats côtiers évitaient jusqu'ici de s'engager avec fermeté sur ce point, les uns

[170]G. N., CECCATO, *L'évolution juridique de la doctrine du plateau continental*, Paris, Pedone, 2002, pp. 365-374.

[171]Formule permettant la prise en compte des particularités géologiques locales, cette formule permettait d'entrevoir un double procédé : Soit le rebord était fixé arbitrairement à 60 milles du pied de la pente, soit à un point où se trouverait encore une couche de sédiments dont l'épaisseur serait égale à 1% de la distance séparant ce point du pied de la pente (Cfr. M., VOEOLCKEL, *Op.Cit.*, pp. 456-465.).

refusant purement et simplement que l'extension du plateau continental au-delà de 200 milles marins soit assortie d'un quelconque système de partage des ressources et les autres, plus conciliant , admettaient l'idée d'un système de partage des bénéfices tout en donnant une définition suffisamment imprécise de manière à n'engager, à n'aucunc façon, la responsabilité de l'Etat riverain.

Ce camouflet retentissant subi par les Etats géographiquement désavantagés dans leur volonté d'infléchir les positions extensionnistes des Etats côtiers peut, en partie, s'expliquer par leur manque de cohésion. Divisés entre Etats industrialisés et Etats en développement, les Etats géographiquement désavantagés avaient souvent peiné à formuler une position commune face aux Etats côtiers. Chaque Etat s'alignait donc, selon son statut en termes de degré de développement, derrière le groupe d'Etats en développement soit derrière celui des Etats industrialisés pour ne pas gêner les Etats de leur camp en pleine négociation et profiter des extensions de leurs compétences océaniques. Ainsi, les Etats du groupe de 77 géographiquement désavantagés tels l'Algérie, la Bolivie, l'Afghanistan ou la Zambie appuyaient les revendications appropriationistes des Etats côtiers du groupe acceptant l'idée d'une mer territoriale de 12 milles marins, prolongée jusqu'à une distance maximum de 200 milles marins par une zone économique exclusive ou une « mer patrimoniale » en caressant l'espoir de participer sur un pied d'égalité et même pour certains, plus réalistes, à des conditions préférentielles à l'exploitation de ses ressources[172].

[172]Parallèlement au clivage Nord-Sud qui avait marqué de son empreinte les négociations pour une définition consensuelle des règles de gouvernance devant assurer la régulation de toutes les mers du monde, un conflit plus latent s'était fait jour entre les Etats côtiers et ceux géographiquement désavantagés alliés à ceux sans littoral. La première catégorie d'Etats comprenait toute à la fois les Etats disposant d'une large marge continentale, d'une large façade maritime et dont le littoral ne fait pas face à celui d'un Etat trop rapproché ni n'est adjacent à deux côtes d'Etats convexes tels les Etats- Unis, le Canada, le Brésil, l'Inde, l'Afrique du sud, l'Australie, Madagascar ou l'Indonésie. En revanche, la seconde catégorie comprend non seulement les Etats qui ne dispose que d'une ouverture plutôt réduite à la mer (République démocratique du Congo, Irak, RFA ou encore Algérie) mais aussi ceux ne disposant même pas de littoral (Suisse, la Tchécoslovaquie, le Tchad, le Niger, la Bolivie et l'Afghanistan) (Cfr. G. N., CECCATO, *Op.Cit.*, pp. 789-796.).

II. Le blocage des négociations sur le statut des fonds marins.

Après un effort de compromis entre différents protagonistes sur certains points de la négociation, leurs positions sur la gouvernance des abysses demeuraient encore très distantes. Nourrissant l'espoir d'une répartition équitable des profits tirés de l'exploitation des fonds marins prioritairement au bénéfice des Etats en développement et d'une efficace protection de ceux d'entre eux qui sont producteurs « terrestres » des minerais susceptibles d'extraction à partir des fonds marins, les Etats en développement entendaient assurer un plein contrôle du futur « patrimoine commun de l'humanité ». Dans ce sens, les Etats en développement représentés par le groupe de 77 exigèrent d'abord que soit doté des pouvoirs importants, le mécanisme international prévu par la déclaration de principe de 1970. La revendication du groupe de 77 au Comité des fonds marins consistait donc en un établissement d'une « Autorité internationale des fonds marins » disposant de tous les pouvoirs sur les activités d'exploration et d'exploitation des ressources que regorge la zone.

Cependant, les Etats en développement étaient aussi favorables à une coopération entre l'Autorité internationale et les Etats se conjuguant en termes de conclusion des contrats de service ou de joint- venture. Ces contrats de service, comme le précisaient opportunément le groupe de 77, ne pouvaient nullement s'apparenter à des licences octroyées aux sociétés pour l'exploitation des fonds marins. Tout au contraire, dans une proposition conjointe déposée à la session de Caracas, ce groupe d'Etats en développement mettaient en avant l'idée selon laquelle l'Autorité devait exercer sur ces contrats ou sur ces joints venture un contrôle « direct et effectif ». on peut donc se risquer à affirmer qu'on n'était vraiment pas loin d'une sorte de « gouvernement mondial » devant régner sur les abysses, sur le futur « patrimoine commun de l'humanité », la proposition conjointe des Etats en développement reconnaissant à l'Autorité le pouvoir de prendre de manière souveraine toutes les mesures en lien avec les ressources de la zone impliquant notamment le pouvoir d'édicter des mesures de limitation de la production pour éviter une baisse défavorable des courts des matières premières, principale source des revenus pour de nombreux Etats en développement[173].

De plus, les risques découlant de l'exécution du contrat devait incomber à la personne morale ou physique, cocontractant de l'Autorité, des risques auxquels se greffaient non seulement une obligation de transfert des technologies utilisées en exécution du contrat mais également celle de formation du personnel originaire des Etats en voie de développement en particulier de ceux d'entre eux sans littoral dans le but de les mettre en capacité d'exploiter les ressources de ce qui allait devenir un patrimoine commun[174]. Désirant avoir un contrôle total sur la future Autorité, les Etats en développement vont proposer que l'instance suprême de cette institution soit son Assemblée Générale dans laquelle le mode de prise de décision serait soumis à la règle « un Etat, une voix ». En nombre largement supérieur par rapport à celui des puissances maritimes, ces Etats seraient toujours en position d'imposer leurs vues[175].

A l'opposé, les Etats industrialisés vont proposer un régime offrant à leurs entreprises une totale liberté pour exploiter le « patrimoine commun de l'humanité ». Importateurs des matières premières existant dans les fonds marins, les puissances industrielles trouvaient là une occasion inespérée de sortir d'une forte dépendance vis-à-vis de l'extérieur et ce, d'autant plus que, leurs entreprises avaient déjà acquis des techniques nécessaires à leur mise exploitation. Dans ce sens, les puissances industrielles (Etats-Unis, Grande Bretagne, France, URSS, Pologne, Canada et Japon) vont soumettre au Comité des fonds marins entre 1970 et 1973 des propositions assurant aux Etats la maîtrise des opérations d'exploitation des ressources des fonds marins, l'Autorité ne devant avoir qu'une structure légère et des compétences strictement limitées. Seuls les Etats ou les entreprises rattachées à des Etats devaient donc

[173]M., VOEOLCKEL, *Op.Cit.*, pp. 789-791.
[174]R., SIBERT, « La police de la haute mer », in *Revue générale de droit international public*, (janvier-mars 2002), n°12452, pp. 78-91.
[175]*Idem*, pp. 45-51.

être susceptibles de procéder à l'exploitation des fonds marins. Face à eux, l'Autorité ne disposerait que d'un pouvoir de réglementation et de contrôle, sa fonction principale étant la délivrance des permis aux Etats ou aux sociétés qui en feraient la demande, là encore, elle ne disposerait que d'une compétence liée[176].

Cependant, les puissances industrielles n'ont pas pu définir, à la différence des Etats en développement, une doctrine commune. La France et la Pologne, plus radicalement opposées à la doctrine défendue par les Etats en développement, mettront en avant l'idée d'une Autorité, simple bureau d'enregistrement, les Etats devant s'allouer des blocs des fonds marins, sur base des règles préalablement définies entre eux, dans lesquels ils seraient entièrement compétents pour procéder à l'octroi des licences aux entreprises susceptibles d'en exploiter les ressources[177]. Emprunt d'un certain sens de compromis, les propositions présentées par les Etats-Unis, la Grande Bretagne, l'URSS et le Japon admettaient tout de même que l'Autorité puisse avoir un rôle allant au-delà du simple enregistrement dans l'octroi des licences aux exploitants. Pour contrer la volonté des Etats en développement de contrôler l'Autorité en se fondant sur leur supériorité numérique, les puissances industrielles vont proposer qu'un organe restreint, le Conseil, soit l'organe suprême de celle-ci, un nombre important de ces puissances devant y siéger et surtout l'établissement d'un système de vote pondéré leur évitant le désagrément d'y être mis en minorité[178].

En 1974, en pleine session de Caracas, ces différentes thèses déjà défendues dans le cadre du Comité des fonds marins seront réaffirmées. Ainsi, le débat avait-t-il tourner autour du procédé approprié pour mettre en exploitation les fonds marins, les puissances industrielles insistant sur une définition claire des droits et devoirs des entités devant s'engager dans leur exploitation et les Etats en développement, au contraire,

---

[176]Cfr. A., GROS, « La convention sur la pêche et la conservation des ressources biologiques de la haute mer », in *Hérodote*, (septembre-octobre 1999), n°2145, pp. 45-52.
[177]*Idem*, p. 56.
[178]M., VOEOLCKEL, *Op.Cit.*, pp. 120-125.

accordant plutôt un intérêt particulier à la définition des devoirs et droits de l'Autorité tout en évitant des dispositions trop précises pour lui garantir des compétences les plus discrétionnaires possibles.

Au surplus, les Etats en développement, soucieux de préserver les revenus de ceux d'entre eux producteurs de minerais contre les effets préjudiciables de l'exploitation des fonds marins, vont demander que l'Autorité ait un pouvoir de réglementation comprenant notamment le pouvoir de limitation de la production minérale des fonds marins[179].

Mais, l'atmosphère dans laquelle va se dérouler les négociations pour définir le régime juridique des fonds marins sera de plus en plus nuagée et ce, du fait de la conjonction de plusieurs facteurs[180]. D'abord, l'accroissement de la bipolarisation Nord-Sud du fait de la prise de conscience des Etats de chaque camp de leur communauté d'intérêt.

Ensuite, il y avait le tonitruant rapport du Secrétaire Général des Nations Unies sur le développement de l'industrie des nodules révélant qu'un nombre important d'entreprises occidentales se constituaient déjà en puissants consortiums multinationaux en vue de l'exploitation des fonds marins[181]. A titre d'illustration, en 1974, un groupe a été constitué sous l'impulsion de Kennecottcopper corporation associant toute à la fois des intérêts britannique, canadien et japonais. Au mois de mai de la même année, un autre consortium, Océan Mining Associates formé sous la direction d'une filiale de Tenneco Deep Sea Ventures fut créé. Plutôt, en 1973, 27 sociétés japonaises s'intéressant à l'exploitation des nodules avaient déjà créé le groupe Deep Ocean Minerals Association. La constitution de ces groupements d'entreprises avaient fait monter la tension d'un cran et ce, d'autant plus que le rapport des Nations Unies indiquait que certains d'entre eux avaient déjà procédé à d'importants travaux d'exploration. Ainsi, Deep sea ventures avait-t-elle entrepris, dès 1973, plus de 30

---

[179]I., PIQUELMAL, *Le fond des mers, patrimoine commun de l'humanité,* Paris, LGDJ, 2006, pp. 456-461.

[180]Cfr. R.J., DUPUY, « Le fond des mers, héritage commun de l'humanité et le développement », in *Revue de droit de la mer*, (janvier-mars 2002), n°2541, p. 45.

[181]*Idem*, p.62.

campagnes de recherche dans le pacifique identifiant plusieurs sites d'exploitation potentielle avec un investissement d'environ 20 millions de dollars. De même apprenait-on, dans le même rapport, que la société de droit français CNEXO en association avec la société le Nickel effectuait, dès1970, des campagnes de recherche dans le Pacifique Sud et mettait en œuvre un vaste programme de prospection des nodules dans la région de la Polynésie française[182].

Qui plus est, la crise du pétrole consécutivement à la guerre de Kippour de 1973 et la session spéciale des Nations Unies sur les matières premières et le développement tenu en avril 1974 jetteront une lumière particulièrement crue sur les leviers de pression dont disposaient les Etats exportateurs des matières premières sur ceux consommateurs. Les puissances industrielles, très intéressées à la perspective d'extraction sous-marine, vont donc trouver là un moyen de limiter leur dépendance en matière d'approvisionnement en métaux de type de ceux que contiennent les nodules. Elles seront donc peu enclines à un compromis consacrant un régime des fonds marins assurant aux Etats en développement un contrôle sur la production[183].

Enfin, les publications d'une série d'études de la CNUCED mettaient en lumière les risques de voir l'exploitation des nodules provoquer un bouleversement des prix des métaux. Ce qui, au sens des Etats en développement, justifiait parfaitement l'exercice d'un pouvoir de contrôle de la production par l'Autorité d'autant que, selon la conclusion du rapport du Secrétaire Général des Nations Unies, les revenus tirés de l'exploitation des fonds marins devraient profiter principalement aux Etats développés[184].

Au deuxième round de négociation, en 1975 à Genève, pour sortir du blocage, les USA et l'URSS vont soumettre leurs propositions. Fondées sur un « système parallèle », ces propositions visaient à assurer un parfait équilibre entre d'une part, l'exploitation par l'Autorité et d'autre part, celle par les

[182]R., SIBERT, *Op.Cit.*, pp. 45-51.
[183]*Idem*, pp. 78-91.
[184]Cfr. A., KISS, *La notion de patrimoine commun de l'humanité*, Paris, Dalloz, 1999, pp. 125-129.

Etats ou les sociétés rattachées à ceux-ci. Il s'est donc agi d'une tentative de conciliation du régime de libéralisme économique prôné par les puissances industrielles et celui d'exploitation directe de la zone par l'Autorité au travers son bras séculier, l'entreprise internationale, que préconisaient les Etats en développement[185].

En effet, selon la proposition américaine, tout demandeur de permis d'exploitation qu'il s'agisse d'un Etat ou d'une société rattachée à un Etat avait l'obligation de proposer à l'Autorité d'effectuer un choix entre deux zones équivalentes. L'Autorité avait alors la latitude d'accorder un permis pour l'une de deux zones tout en se réservant l'autre pour en disposer à sa guise. Un peu différente et plus subtile, la proposition soviétique procédait carrément à une subdivision des fonds marins en une double zone, l'une devant faire l'objet d'une exploitation directe par l'Autorité, l'autre étant réservée à l'exploitation des Etats ou des sociétés rattachées à ceux-ci sur base de la délivrance des permis d'exploitation par l'Autorité[186].

Malgré le ralliement de certains modérés du groupe des 77 à ces propositions comme base de négociation, les Etats en développement les rejetteront dans l'ensemble. Ils protestèrent avec vigueur contre toute idée tendant à mettre l'Autorité représentant l'humanité toute entière sur le même pied d'égalité que des sociétés de certains Etats industrialisés qui, selon la proposition soviétique, devaient se voir devenir acquéreur de la moitié de la zone. Au surplus, dans ce système, les Etats et les sociétés rattachées à ceux-ci avaient la possibilité de poursuivre la mise en exploitation des sites nouveaux au cas où ceux réservés à l'Entreprise n'étaient pas entièrement exploités. Il s'est donc agi d'un moyen subtil pour assurer aux puissances industrielles le contrôle des fonds marins par une sorte de gèle partiel de l'exploitation d'une partie de la zone, l'Entreprise ne disposant pas des moyens conséquents[187].

De plus, les propositions américaine et soviétique ne donnaient aucune assurance sur la suprématie des pouvoirs de

[185] *Idem*, p. 36.
[186] G. N., CECCATO, *Op.Cit.*, pp. 45-51.
[187] *Idem*, pp. 132-140.

l'Autorité quant à ce qui concerne notamment l'accès des Etats ou des entreprises liées à ceux-ci aux ressources de la zone moins encore en ce qui est du contrôle de la production.

Dans ce contexte, les Etats en développement, à la clôture de la session de Genève, vont inspirer à la présidence de la conférence la rédaction d'un texte reprenant pratiquement toutes leurs propositions formulées à la session précédente de Caracas. Il s'est agi notamment de la réaffirmation de l'idée de la toute-puissance de l'Autorité et en ce qui concerne les structures de celle-ci, le texte réaffirmait l'idée d'un pouvoir suprême exercé par l'Assemblée, le mode de prise de décision retenu étant, comme d'ailleurs au sein du Conseil, la majorité de deux tiers.

Pour les puissances industrielles, une telle perspective paraissait autant inacceptable que leur « système parallèle » a paru aux Etats en développement. Dès lors, profitant de la fissure qui commençait peu à peu à ébranler l'unité qu'affichaient jusqu'ici les Etats membres du groupe des 77, les puissances industrielles lancèrent une nouvelle offensive en faveur du « système parallèle » dès la session suivante de New York (avril-mai 1976). Les négociations furent donc engagées avec les plus modérés du groupe des Etats en développement sur un texte rédigé autour du système des zones réservées mais comportant des dispositions plus développées sur celles réservées à l'Autorité pour donner satisfaction à ces derniers[188].

Toutefois, cette stratégie de « diviser pour mieux régner » ne se révèlera pas concluante du fait du rejet de ces nouvelles propositions à la session de l'été 1976 à New York par les Etats en développement, à l'exception notable de certains modérés du groupe[189]. Proches du décollage économique, ces Etats étaient prêts à accepter le « système parallèle » qui donnait à leurs entreprises la possibilité d'une association, à moyen terme, avec celles des Etats plus avancés pour participer directement à l'exploitation des fonds marins. Contre cette tentative de compromis entre les modérés du groupe d'Etats en

[188]Cfr. D., BARDONNET et E., VIRALLY, *Le nouveau droit international de la mer*, Paris, Dalloz, 2004, pp. 456-461.
[189]*Idem*, pp. 321-332.

développement et les puissances industrielles, une majorité d'Etats en développement présentera une contre-proposition le 17 août 1976 sous le nom de workshop paper réaffirmant la primauté catégorique de l'Autorité internationale sur l'exploitation du patrimoine commun et ne faisant aucune allusion au système de réservation des zones[190]. Cette sortie fracassante des Etats en développement marquera le début d'un durcissement des positions de deux camps. Ainsi, le 19 août 1976, les Etats-Unis répliquèrent-ils au workshop paper du groupe des Etats en développement en proposant un régime d'exploitation aux antipodes de leur précédent texte de mai 1976. Car cette réplique américaine proposait non seulement que l'Autorité qui ne disposerait que des pouvoirs assez réduits ait essentiellement une compétence liée en matière de conclusion des contrats mais aussi ne faisait plus mention du système des zones réservées. Pour sa part, l'URSS, répliquant également au workshop paper, accordait à l'Autorité un rôle encore plus restreint que celui prévu dans le document américain[191].

Dans le but de sortir de cette dramatisation de la négociation, les Etats-Unis, par l'entremise de son Secrétaire d'Etat, Henry Kissinger, tenteront de nouveau un compromis. Le Secrétaire d'Etat, tout en menaçant les Etats en développement de prendre des mesures unilatérales pour l'exploitation des fonds marins face à leur intransigeance, va offrir, contre une garantie d'accès des Etats ou des entreprises rattachées à ceux-ci à leurs ressources dans le cadre d'un « système parallèle », d'assurer le financement de l'exploitation du premier site de l'Entreprise espérant fléchir la position des Etats en développement[192].

---

[190]J., REVERDIN, « Le régime juridique des grands fonds marins », in *Revue du droit de la mer, (avril-juin 1996), n°4569, pp. 654-662.*

[191]*Idem*, pp. 32-44.

[192]D., BARDONNET et E., VIRALLY, *Op.Cit.*, p.32.

B. Attrait des Etats sur la mer et circonscription du principe de la liberté à la haute mer et à la zone

I. La haute mer

a. Approche notionnelle

Renfermant plusieurs éléments la rapprochant d'une « res communis », la haute mer dispose des ressources, pour les quelles, le droit international admet un certain droit d'appropriation au profit des Etats bien qu'elle-même reste insusceptible de toute appropriation étatique. L'article 86 de la Convention de Montego Bay, précisant en cela l'article 1er de la Convention de 1958 sur la haute mer, définit la haute mer, par un subtil jeu d'élimination, comme « toutes les parties de la mer qui ne sont comprises ni dans la zone économique exclusive, la mer territoriale ou les eaux intérieures d'un Etat, ni dans les eaux archipélagiques d'un Etat archipel »[193].

b. Régime juridique de la haute mer

Résultant de l'exclusion radicale de toute idée d'extension de la souveraineté étatique en mer proclamée avec force par l'article 89 de la Convention de Montego Bay déniant toute légitimité à un Etat de « prétendre soumettre une partie quelconque de la haute mer à sa souveraineté »[194], le régime juridique applicable à la haute mer est celui de la liberté. A la

---

[193]Article 86 de la Convention des Nations Unies sur le droit de la mer du 10 décembre 1982, *Op.Cit.*, p. 589.

[194]Patrick Dallier et Alain Pellet ont soulevé avec beaucoup de pertinence la problématique de la compatibilité de certains usages de la haute mer tels les essais nucléaires avec le principe de l'égalité de son usage au bénéfice de tous les Etats. Mais, face à l'incertitude de la solution à donner à cette question tant la Cour Internationale de Justice s'était elle-même abstenue de trancher définitivement cette question dans ses arrêts du 20 décembre 1974 dans l'affaire des essais nucléaires français, ces deux auteurs constatent néanmoins qu'une certaine doctrine se fondant sur le principe de l' affectation de la haute mer à des fins pacifiques met en avant la thèse de l'illicéité des essais nucléaires bien que, affirment ces auteurs, « l'on ne peut soutenir que la seule expérimentation est, en elle-même, non pacifique ».
En revanche, ils notent que « l'institution d'une zone interdite à la navigation pendant la durée des essais parait bien contraire aux principes de la liberté de navigation et de survol ».

lecture de l'article 87 de la Convention de Montego Bay, il en ressort que cette liberté de la haute mer peut connaitre une subdivision en libertés de navigation, de survol, de la pêche, de poser des câbles et des pipelines sous-marines, de construire des îles artificielles et celle de la recherche scientifique[195].

Par ailleurs, en ce qui est de l'exercice des compétences de police en haute mer, l'article 92 de la Convention de 1982 consacre le principe de l'exclusivité de la compétence de l'Etat du pavillon en disposant que « les navires naviguant sous le pavillon d'un Etat sont soumis sauf dans les cas exceptionnels expressément prévues par des traités internationaux ou par la Convention, à sa juridiction exclusive en haute mer »[196].

Trouvant fondement dans la thèse de la territorialité des navires en haute mer affirmée dès 1752 dans l'affaire de l'Emprunt Silésien qui avait opposé la Prusse à la Grande Bretagne, ce principe de l'exclusivité de la compétence de l'Etat du pavillon a été salué, à plusieurs reprises, par la jurisprudence internationale. Aussi l'arbitre de MARTENS, dans une sentence arbitrale rendue le 25 février 1897 dans l'affaire du Baleinier Costa Rica Packet ayant opposé la Grande Bretagne au Pays-Bas, décidait qu'en haute mer « même les navires marchands constituent des parties détachées des territoires de l'Etat dont ils portent le pavillon et, en conséquence, ne sont justiciables de faits commis en haute mer que devant les autorités nationales respectives »[197]. Dans le même sens, la Cour Permanente de Justice Internationale, dans son arrêt rendu dans l'affaire du Lotus, jugeait que « le principe de la liberté de la mer a pour conséquence que le navire en haute mer est assimilé au territoire de l'Etat dont il porte le pavillon, car, comme dans le territoire, cet Etat y fait valoir son autorité et aucun autre Etat ne peut y exercer la sienne (...). En vertu du principe de la liberté de la

[195]Article 87 de la Convention des Nations Unies sur le droit de la mer du 10 décembre 1982, *Op.Cit.*, p. 590.
[196]Article 92 de la Convention des Nations Unies sur le droit de la mer du 10 décembre 1982,in P.M., DUPUY, *Op.Cit.*, p. 600.
[197]Tribunal arbitral, sentence arbitrale du 25 février 1897 dans l'affaire Baleiner Costa Rica Packet ayant opposée la Grande Bretagne aux Pays-Bas, RSA, vol. XIII, p. 120.

mer, un navire est placé dans la même situation que le territoire de l'Etat »[198].

Toutefois, ce principe de l'exclusivité de la compétence de l'Etat du pavillon ne peut revêtir un caractère absolu, comme l'indique l'article 96 de la Convention de 1982, que pour les navires d'Etat à usage non-commercial puisqu'il dispose que « les navires appartenant à un Etat ou exploités par lui et utilisés exclusivement pour un service public non commercial jouissent, en haute mer, de l'immunité complète de juridiction vis-à-vis de tout Etat autre que l'Etat du pavillon »[199].

En revanche, il en va tout autrement dans l'hypothèse d'un navire utilisé à des fins commerciales qu'il s'agisse d'un navire d'Etat ou simplement privé. Pour cette catégorie des navires, le droit international apporte un tempérament au principe de l'exclusivité de la compétence de l'Etat du pavillon en reconnaissant au profit des autres Etats et mêmes de certaines organisations internationales, certaines compétences de police dans certains cas limitativement prévus par le droit international :

- La violation ou le non-respect de certaines réglementations de l'Etat côtier

  Dans l'intérêt du respect de la règlementation édictée par l'Etat côtier, le droit international reconnait au profit de ce dernier un droit de poursuite jusqu'en haute mer (hot pursuit) dans l'hypothèse d'une contravention à ses lois et règlements par un navire battant pavillon d'un autre Etat. Loin de se limiter qu'à une simple poursuite, ce droit de poursuite va jusqu'à reconnaitre à l'Etat côtier un droit d'arraisonner, de saisir et de ramener à l'un de ses ports un navire marchand étranger ayant contrevenu à ses lois et règlement[200]. Comme

---

[198]R., BIERZANEK, « La nature juridique de la haute mer », in *Hérodote, (janvier-mars 2002), n°4598, p.96.*

[199]Article 96 de la Convention des Nations Unies sur le droit de la mer du 10 décembre 1982, *in* P.M. DUPUY, *Op.Cit.*, p. 610.

[200]J., REVERDIN, *Op.Cit.*, pp. 789-791.

on pouvait s'y attendre, le droit international entoure ce droit d'exercice de poursuite en haute mer, espace maritime fortement marqué par le principe de la liberté, des conditions assez strictes lesquelles sont posées par l'article 111:

- L'exercice du droit de poursuite exige une semonce préalable ;
- La poursuite doit commencer, pour sa validité, dans les eaux sous la juridiction de l'Etat poursuivant ou se situant au-dessus du plateau continental. Toutefois, il convient de noter que l'étendue du pouvoir de l'Etat poursuivant varie en fonction du lieu de départ de la poursuite. Lorsque cette poursuite part des espaces gagnés par la souveraineté (eaux intérieures, mer territoriale ou eaux archipélagiques), l'objet de la poursuite est plus large puisqu'il s'agira de la répression de toute infraction aux lois et règlements de l'Etat côtier. En revanche, lorsque la poursuite débute soit dans la zone contiguë, soit dans la zone économique exclusive ou encore dans les eaux surplombant le plateau continental, l'objet de la poursuite doit être strictement limité à la répression des infractions à la règlementation propre à ces zones[201] ;
- S'agissant de la modalité de la poursuite, le droit international, tout en subordonnant l'exercice du droit de poursuite au principe de la proportionnalité, limite l'exercice de la poursuite aux navires de guerre ou militaires ou tout autre affecté à un service public et autorisé à cet effet; Cette poursuite ainsi engagée peut se poursuivre

[201]Article 111 de la Convention des Nations Unies sur le droit de la mer du 10 décembre 1982, in P.M., DUPUY, *Op.Cit.*, p. 614.

dans la zone économique exclusive d'un autre Etat mais, par respect au principe de la souveraineté, le droit international pose le principe selon lequel l'entrée du navire poursuivi dans la mer territoriale de son Etat national ou d'un autre Etat marque la fin de la poursuite[202].

- Les impératifs de la protection de l'environnement

A cette ère du renforcement de la conscience écologique où la problématique de la protection de l'environnement est devenue un impératif catégorique, le droit international, pour assurer une meilleure protection aux Etats riverains contre les effets dévastateurs de la pollution liée à l'activité humaine, est marqué par un accroissement considérable des pouvoirs de police des Etats côtiers dans la haute mer adjacente.[203]. C'est ce souci de protection de l'Etat côtier qui avait, sans doute, prévalu dans les esprits des rédacteurs de la Convention de Bruxelles du 29 novembre 1969 reconnaissant à l'Etat côtier un pouvoir de destruction de l'épave d'un navire battant pavillon d'un Etat tiers en haute mer[204].

Dans le même sens, l'article 221, §1 de la Convention des Nations Unies sur le droit de la mer réaffirme ce pouvoir dérogatoire au monopole du pavillon en reconnaissant le droit qu'ont les Etats côtiers « en vertu

---

[202]Article 111 de la Convention des Nations Unies sur le droit de la mer du 10 décembre 1982, in P.M., DUPUY, *Op.Cit.*, p. 614.

[203] M., BOS, « La liberté de la haute mer », in *Revue du droit de la mer, (janvier-mars 2001), n°1236, pp. 45-52.*

[204]*Idem*, p. 125.

du droit international tant coutumier que conventionnel, de prendre et faire prendre, d'appliquer au-delà de la mer territoriale des mesures proportionnées aux dommages qu'ils ont effectivement subis ou dont ils sont menacés afin de protéger leur littoral ou les intérêts connexes, y compris la pêche, contre la pollution ou une menace de pollution résultant d'un accident de mer ou d'actes liés à un tel accident dont on peut raisonnablement attendre des conséquences préjudiciables »[205].

❖ L'exercice de l'action en légitime défense

Règle non inscrite dans le marbre conventionnel tant les Etats n'ont pas pu accorder leur violent sur une question d'une aussi grande sensibilité pendant l'adoption des Conventions de 1958 puis, celle plus récente de 1982, l'action en légitime défense tend, cependant, à acquérir une certaine légitimité sous réserve du respect des conditions assez strictes même si, l'on ne peut la considérer comme une règle coutumière.

A titre d'illustration, on peut citer l'ordonnance de l'ancien président américain Kennedy datant d'octobre 1962 ordonnant la mise en quarantaine de Cuba. Une décision autorisant les navires de guerre américains de procéder à l'arraisonnement des navires en direction de Cuba suspectés de transporter des armes offensives présentant une menace pour la sécurité des Etats-Unis. A l'appui de cette décision très controversée, Washington invoquait le droit de légitime défense. Ce qui, à l'évidence, avait soulevé une protestation de la part

[205]Article 221, §1 de la Convention des Nations Unies sur le droit de la mer du 10 décembre 1982, in P.M., DUPUY, *Op.Cit.*, p. 714.

des autres Etats comme la Suède et surtout l'URSS en pleine guerre froide[206].

Dans la même veine, les hypothèses de la répression de la piraterie et de la traite d'esclaves, l'exercice de la police des télécommunications et la protection des ressources de la haute mer sont dignes de mention en tant qu'hypothèses donnant lieu à la dérogation au principe de l'exclusivité de la compétence du pavillon.

II. La zone

a. Approche notionnelle

D'un point de vue définitionnel, la zone correspond aux fonds marins et leur sous-sol au-delà de la juridiction nationale (article 136 de la Convention des Nations Unies sur le droit de la mer de 1982) 207. Il est à noter que l'institution de la zone comme « patrimoine commun de l'humanité » marque une rupture avec le droit maritime traditionnel jusqu'ici marqué par une double logique contradictoire celle de la liberté puis, celle plus récente de l'appropriation étatique, le « patrimoine commun de l'humanité » ne s'accommodant nullement de l'idée d'une liberté d'usage moins encore celle d'une appropriation étatique[208].

b. Régime juridique de la zone

Trois principes fondamentaux marquent le régime juridique de la zone (partie XI de la Convention de Montego Bay de 1982): la non-appropriation, l'utilisation pacifique et l'exploitation dans l'intérêt de l'humanité.

---

[206]R.J., DUPUY, *Op.Cit.*, pp. 85-92.
[207]Article 136 de la Convention des Nations Unies sur le droit de la mer du 10 décembre 1982, in P.M., DUPUY, *Op.Cit.*, p. 716.
[208]*Idem*, p. 79.

- Le principe de non-appropriation

Ce principe consacre l'exclusion de toute appropriation de la zone ou de ses ressources par un Etat ou toute autre personne physique ou morale[209]. C'est ce qui ressort de l'article 137, paragraphe 1 de la Convention de 1982 disposant qu'aucun « Etat ne peut revendiquer ou exercer de souveraineté ou de droits souverains sur une partie quelconque de la zone ou de ses ressources ; aucun Etat ni aucune personne physique ou morale ne peut s'approprier une partie quelconque de la zone ou de ses ressources »[210].

- Le principe de l'utilisation pacifique

Déjà intégré dans l'ordre conventionnel par le traité du 11 février 1971 imposant aux Etats « à n'installer ou placer sur le fond des mers et des océans ou dans leur sous-sol, au-delà de la limite » de 12 milles marins depuis la ligne de base « aucune arme nucléaire ou autre type d'arme de destruction massive, non plus qu'aucune construction, installation de lancement ou autre installation expressément conçue pour le stockage, les essais ou l'utilisation de telles armes »[211], ce principe d'utilisation pacifique des fonds marins a été reprise par la Convention de Montego Bay imposant également le même principe de l'utilisation « à des fins exclusivement pacifiques par tous les Etats, qu'il s'agisse d'Etats côtiers ou sans littoral »[212].

- Le principe d'exploitation dans l'intérêt de l'humanité

L'un des succès le plus retentissant des Etats en développement face aux puissances dans le cadre des difficiles

---

[209]R.J., DUPUY, *Op.Cit.,* pp. 123-132.
[210]Article 136 de la Convention des Nations Unies sur le droit de la mer du 10 décembre 1982, in P.M., DUPUY, *Op.Cit.,* p. 716.
[211]P., DAILLIER, « L'exploitation du fond des océans du mythe à la réalité », in *Revue du droit de la mer, (mars-avril 2003), n°1456, p.36.*
[212]Article 138 de la Convention des Nations Unies sur le droit de la mer du 10 décembre 1982, in P.M., DUPUY, *Op.Cit.,* p. 716.

négociations menées dans le cadre du Comité des fonds marins pour une définition consensuelle du régime juridique applicable aux fonds marins , le principe de l'exploitation de la zone dans l'intérêt de l'humanité se trouve consacrer par l'article 140, paragraphe 1 de la Convention de Montego Bay en ces termes : « Les activités menées dans la zone le sont (...) dans l'intérêt de l'humanité toute entière indépendamment de la situation géographique des Etats, qu'il s'agisse d'Etats côtiers ou sans littoral et compte tenu particulièrement des intérêts et besoins des Etats en développement »[213].Dans cette optique, prenant en ligne de compte les propositions émises par les Etats en développement, la Convention de Montego Bay du 10 décembre 1982 met en avant le principe de l'exploitation de la zone par une Autorité internationale des fonds marins laquelle dispose d'un bras séculier, l'Entreprise chargé de mener directement des activités d'exploration et d'exploitation de la zone (article 170, §1 de la Convention de Montego Bay de 1982).

Toutefois, ce principe de l'exploitation de la zone par une Autorité internationale des fonds marins au profit de l'humanité n'est pas exclusif de toute idée d'exploitation étatique ou simplement privée de la zone. C'est tout le sens de la consécration du système d'une exploitation parallèle de la zone par l'article 153 paragraphe 2 qui dispose que : « Les activités menées dans la zone le sont (...) : a. par l'Entreprise et b. en association avec l'Autorité, par les Etats parties ou des entreprises d'Etat ou par des personnes physiques ou morales possédant la nationalité d'Etats parties ou effectivement contrôlées par eux ou leurs ressortissants, lorsqu'elles sont patronnées par ces Etats... ». L'intérêt de ce système d'exploitation parallèle est de permettre à l'Entreprise de disposer des moyens nécessaires à la mise en œuvre des activités d'exploration et d'exploitation, leur financement devant être assuré non seulement par des versements de l'Autorité voire par des emprunts mais aussi par des versements des Etats ou des entreprises autorisées à exploiter constitués

---

[213]Article 140 de la Convention des Nations Unies sur le droit de la mer du 10 décembre 1982, in P.M., DUPUY, *Op.Cit.*, p. 718.

toute à la fois des droits fixes d'étude de 500.000 dollars puis annuels d'un million de dollars ainsi que des redevances sur la production fixées de 5% à 10% éventuellement combinées avec une taxe sur les recettes nettes fixée de 35% à 70%.

Par ailleurs, pour mettre l'Entreprise dans des conditions de compétitivité par rapport aux multinationales des Etats industrialisés dans le cadre du système d'exploitation parallèle, la Convention de Montego Bay de 1982 prévoit un transfert des techniques au profit de l'Entreprise bien que l'Accord de New York du 29 juillet 1994 apporte un tempérament considérable en ce qui est des obligations initiales de transfert des technologies prévues à charge des investisseurs[214].

En conclusion, le principe de la liberté qui a été pendant plus de deux siècles le référentiel juridique assurant la régulation des mers du monde a connu peu à peu, face à l'inattendue évasion de la mer de son carcan originaire de voie de communication pour revêtir son nouveau manteau de réservoir des richesses tant énergétique que minière, un recule.

C'est cette nouvelle donne qui a imposé des négociations en vue de la définition des principes nouveaux devant assurer la régulation des mers du monde. Ayant mis en présence d'une part, les Etats en développement et d'autre part, les puissances maritimes occidentales, ces négociations vont aboutir à l'adoption de la Convention de Montego Bay, compromis historique entre deux logiques contradictoires (liberté et appropriation).

---

[214] Il est évident que la préoccupation première des Etats en développement était de se prémunir contre un double danger : D'abord, la confiscation des bénéfices éventuels issus de l'exploitation des fonds marins par les Etats développés. A ce sujet, ces Etats ont exigé et ont, fort heureusement, obtenu l'institution d'un mécanisme international d'exploitation, l'Autorité internationale des fonds marins. Par la suite, ces Etats redoutaient une intense production des matières premières issues de l'exploitation des fonds marins qui pourrait dangereusement porter un coût fatal à la commercialisation qu'ils assuraient de leurs matières premières et qui constituait, à bien des égards, l'essentiel de leurs revenus.

Chapitre deuxième

DIFFEREND DES FRONTIERES MARITIMES ENTRE LA RDC ET L'ANGOLA SUR LE PLATEAU CONTINENTAL A L'EPREUVE DU DROIT INTERNATIONAL MARITIME

L'étude du différend des frontières entre la République démocratique du Congo et l'Angola commande non seulement un retour furtif sur l'histoire de la délimitation des frontières de la République démocratique du Congo (Section première) mais également une analyse attentive de l'arsenal juridique congolais en matière de délimitation des frontières maritimes de la République démocratique du Congo sur sa côte Atlantique en le confrontant aux principes édictés par le droit international notamment la Convention de Montego Bay du 10 décembre 1982 (Section deuxième).

Par ailleurs, le règlement équitable de ce différend de délimitation des frontières maritimes est fonction de l'adéquation entre le mode de résolution choisi et le contexte tant historique, politique qu'économique du différend. Aussi, sans verser dans un mimétisme, dans une reproduction machinale des solutions appliquées ailleurs, nous nous inspirerons, néanmoins, de quelques cas des différends territoriaux en Afrique pour opérer un choix parmi la kyrielle des mécanismes de résolution des différends susceptible de répondre au besoin d'une solution équitable dans le cas d'espèce (Section troisième).

Section première
APERCU DU CONTEXTE HISTORIQUE DU DIFFEREND

La délimitation des frontières maritimes entre la République démocratique du Congo et l'Angola, comme toute délimitation des frontières entre Etats constitués sur d'anciens territoires sous occupation coloniale, nécessite le recours à d'importantes ressources historiques notamment les traités de délimitation des frontières passés entre l'Association Internationale du Congo et les anciennes puissances coloniales telles la France et le Portugal (Sous-section I).

Toutefois, la question de l'opposabilité de ses traités signés dans un contexte de conquête coloniale aux Etats successeurs s'est souvent posé avec acuité. D'où, la nécessité de faire appel aux principes posés par le droit de la succession d'Etats en droit international et aux solutions africaines en la matière (Sous-section II).

Sous-section I : LES TRAITES TERRITORIAUX COLONIAUX ET LEUR INCIDENCE SUR LA DELIMITATION DES ESPACES MARITIMES ENTRE LA RDC ET L'ANGOLA

Il sera d'abord question des traités passés entre la France et l'Association Internationale du Congo (§1), puis de ceux passés entre le Portugal et l'Association Internationale du Congo (§2).

Paragraphe I. Du Traité du 23 avril 1884 au Traité du 5 février 1885 entre la France et l'AIC

Pour réaliser ses ambitions d'acquisition territoriale, le roi Léopold II devait affronter les prétentions territoriales françaises[215].

En effet, la France prétendait être l'heureux acquéreur de deux rives du fleuve, dans les parages de Stanley-Pool sur fondement du Traité que l'explorateur français, Savorgna de Brazza, avait passé avec le chef indigène Makoko[216]. Admettre une telle prétention était soumettre la prospérité de l'œuvre de Léopold II aux caprices des agents français et ce, d'autant plus que, Paris réclamait à l'Association Internationale du Congo la Vallée du Niari-Kwilou dont la conquête a été décidée en prévision de la reconnaissance éventuelle des prétentions portugaises pour assurer au futur Etat Indépendant du Congo un débouché vers l'océan[217].

Au vu des rapports de force en déséquilibre entre la France et une association dépourvue d'une armée, le roi ne pouvait risquer une confrontation armée pour défendre ses prétentions territoriales[218]. Il fît donc le choix de jouer sur le registre de la négociation[219]. Dans un contexte d'indifférence et même d'hostilité générale contre son œuvre coloniale en Belgique, le roi n'a eu d'autres choix que de dépêcher à Paris un des rares sympathisants de son aventure africaine, Auguste Couvreur alors vice-président de la Chambre des députés.

Mais, déjà en ces débuts, l'offensive diplomatique léopoldienne bute à un obstacle juridique de taille. En effet, pour le Ministre des affaires étrangères français de l'époque, Channel Lacour, interlocuteur attitré, selon les usages dans les

---

[215] MANJUMBA MWANYIMI, *Chronique générale de l'histoire du Zaïre (des origines à 1988)*, Kinshasa, CRP, 1980, pp. 75-78.

[216] J., MUTAMBA, *Histoire du Congo par les textes. Tome I : Des origines à 1884*, 2006, pp. 25-34.

[217] R., CORNEVIN, *Histoire du Congo-Léopoldville-Kinshasa : Des origines préhistoriques à la République Démocratique du Congo*, Bruxelles, H. Dessain, 1892, pp. 25-31.

[218] I., NDAYWEL, *Histoire générale du Congo. De l'héritage ancien à la république démocratique*, Louvain-la-Neuve-Kinshasa, Duculot-Afrique éditions, 1998, pp. 45-60.

[219] Cfr. J., MARCHAL, *L'Etat libre du Congo : Paradis perdu*, Bruxelles, Duculot, 1994, p. 25.

relations internationales, de l'envoyé royal « tout arrangement avec la société internationale lui paraissait présenter une difficulté de forme insurmontable : L'Etat français ne pouvait traiter de prince à prince avec une société privée ». De son côté, sans changer d'une seule virgule la position française s'agissant de l'incapacité juridique d'une association marchande à contracter avec des Etats souverains, celui qui assurait alors la présidence du Conseil français, Jules Ferry estimait que « le Comité d'Etudes du Haut Congo n'est et ne sera jamais qu'une association privée, il n'est ni la Belgique ni le roi des belges, il ne peut avoir ni pavillon reconnu, ni forces régulières, ni droit souverain d'aucune sorte ». Et d'ajouter «si le drapeau belge …flottait sur les stations de l'association, je devrais reconnaitre la validité de ses prises de possessions mais le drapeau bleu n'est que l'emblème d'une société commerciale »[220].

Pour contourner cette objection d'ordre juridique, le roi va faire la commande d'une consultation juridique auprès du professeur M., Arntz de l'Université Libre de Bruxelles. Répondant à la question de savoir si les chefs des tribus peuvent procéder à la cession en tout ou partie de leurs Etats à de simples particuliers avec transfert des droits souverains leur revenant sur base des coutumes traditionnelles, le professeur belge va rédiger l'ouvrage au titre plus que révélateur : « De la cession des droits de souveraineté par les chefs de tribus sauvages ».

Examinant cette question de la cession des droits de souveraineté d'un double point de vu s'agissant tout à la fois du concédant que du concessionnaire, il avait fait appel à des arguments tant juridiques qu'historiques empruntés, selon une suggestion royale, à l'histoire de l'Amérique, de l'Afrique et de l'Asie. Aussi affirmait-il, dans une formule plus ou moins condescendante, que « l'histoire moderne, depuis le 17ème siècle jusqu'à nos jours, nous fournit de nombreux exemples de traités de cessions de territoires et d'autres conclus entre des Etats

---

[220]Jules FERRY, cité par F., BONTINCK, « L'entente entre la France et l'Association Internationale du Congo à la lumière des premières négociations », in *Etudes d'histoire africaine, (mars 1971), n°29-81, pp. 28-78.*

civilisés d'une part et des tribus sauvages d'autre part »[221]. En Afrique, poursuivait-il « dans le cours des dernières cinquante années, l'Angleterre a conclu avec les chefs des pays adjacents au Congo treize traités dont nous mentionneront spécialement deux : l'un conclu le 11 février 1853 avec le roi et les chefs de Cabinda, l'autre conclu le 20 juin 1854 avec divers chefs du fleuve Congo Le traité conclu par Savorgnan de Brazza avec le roi Makoko est de notoriété publique. Pour terminer la série des documents historiques à l'appui de la thèse que les chefs de tribus ... peuvent valablement faire des traités et des concessions de territoires en toute souveraineté, rappelons encore les récents traités du 29 décembre 1877 et du 22 janvier 1878, par lesquels les sultans de Brunei et de Sulu dans l'île de Bornéo ont cédé une partie de leurs territoires à Mr. Alfred Demt et Mr. Le baron d'overbeck »[222].

Fort de ces exemples historiques, M.,Arntz va alors énoncer la règle suivant laquelle « les particuliers peuvent devenir souverains et exercer des droits de souveraineté de deux manières : 1° en créant eux-mêmes un Etat ; 2° en succédant à un autre souverain dans l'exercice de la souveraineté d'un Etat ». Et de s'interroger : « Lorsque le chef d'une tribu africaine formant un Etat souverain cède à un particulier, en toute souveraineté, une partie de son Etat, que fait-il autre chose sinon d'appeler une autre personne à l'exercice des droits de souveraineté sur une partie de ses Etats, érigée en un Etat souverain ? Quelle différence il y a-t-il entre le cas où un prince européen qui est appelé comme souverain à un Etat ou à une partie d'un Etat et celui d'un chef africain qui appelle un particulier à exercer le pouvoir souverain sur une partie de ses Etats ? »[223]. La réponse du professeur est, à cette question, sans

---

[221]M., ARTNZ, *De la cession des droits de souveraineté par les chefs de tribus sauvages,* cité par F., BONTICK, *Op.Cit.,* pp. 210-221.

[222] *Idem*, p. 222.

[223]Le Professeur M., Arntz résumait sa thèse en une triple propositions : « 1. Il est évident que si quelques puissances élevaient contre de semblables concessions, faites par des chefs de tribus... à des particuliers ou à des associations, des réclamations fondées sur des droits antérieurement acquis, il y aurait lieu de soumettre ces prétentions à un examen sérieux. 2. Les nouvelles souverainetés, à la tête desquelles se trouvaient des particuliers ou des associations concessionnaires de chefs de tribus ..., existeraient par elles-mêmes, par leur propre droit et leur propre force, sans avoir besoin de la reconnaissance d'autres Etats... Il dépend de la convenance des autres Etats de

appel parce qu'il affirmait qu'en droit il n'y a aucune différence. Il est même possible, ajoutait-il, « qu'un particulier reste sujet de l'Etat auquel il appartient et soit souverain d'un autre pays. Le souverain peut donc avoir une double personnalité »[224].

Loin d'impressionner le président du Conseil français, Jules Ferry, cette consultation juridique au sujet de laquelle, non sans quelque talent humoristique, il faisait le commentaire suivant : « on trouve toujours des auteurs pour leur faire dire toute ce qu'on veut », n'aura pas pour effet d'infléchir la position française comme, sans doute, attendu par le roi[225].

Toutefois, c'est le rapprochement entre le Portugal et l'Angleterre au-travers la signature du traité anglo-portugais reconnaissant au Portugal la souveraineté sur les deux rives du Congo et celle de la côte atlantique entre le 5° 12' et 8° de latitude sud, l'embouchure du Congo, qui va relancer les négociations entre Paris et l'AIC[226].

En effet, dirigé dans son principe même contre l'AIC en ce qu'il lui « enlevait l'accès des bouches du Congo » lui faisant courir ainsi le risque de voir ses possessions dans le bassin du Congo coupées de la mer, le passage de ses agents soumis au bon vouloir des portugais et le transit de toutes ses

---

reconnaitre ou de ne pas reconnaitre ces nouvelles souverainetés. Mais quels que soient leurs résolutions à cet égard, le défaut de reconnaissance ne leur donnera pas le droit d'agir comme si ces souverainetés n'existaient pas et de considérer leurs territoires comme susceptibles d'occupation. 3. D'après la pratique du droit des gens en usage aujourd'hui, la reconnaissance du concessionnaire de la souveraineté comme souverain, pourrait même s'imposer dans certains cas... Presque tous les gouvernements, notamment la Grande-Bretagne et les Etats-Unis, ont adopté la règle de considérer les gouvernements de fait comme des gouvernements légitimes quant à eux... Le chef a cédé ses droits de souveraineté à un particulier européen ou à une association européenne qui se sont mis en possession réelle de la souveraineté. La nation européenne pourrait-elle refuser la légitimité de ce nouveau gouvernement, fut-il un gouvernement de fait ? D'après les usages internationaux, non; au moins, la Grande-Bretagne et les Etats Unis le reconnaitraient et probablement les autres aussi. Si le chef de la tribu avait cédé sa souveraineté à un blanc au lieu de choisir pur son successeur un noir, ou une association composée de blancs, certainement la différence de la couleur du nouveau souverain ne pourrait être un motif de refuser la reconnaissance du nouveau souverain ».

[224]M., ARTNZ, *Op.Cit.*, p. 96 cité par F., BONTICK, *Op.Cit.*, p. 215.

[225]E., BANNING, *Mémoires politiques et diplomatiques*, Bruxelles, Hachette, 1927, p. 56.

[226]R.S., THOMSON, *Fondation de l'Etat indépendant du Congo*, Paris, Hatier, 1933, pp. 452-465.

marchandises frappé du tarif du Mozambique, le traité anglo-portugais n'en représentait pas moins une menace contre l'expansion coloniale des autres puissances telles la France et l'Allemagne qui ne tardèrent pas d'ailleurs pour le dénoncer fermement[227].

C'est dans ce contexte tendu que le roi a pu arracher de la France un accord le 15 novembre 1884 alors que s'ouvraient les travaux de la Conférence de Berlin[228]. Cet Accord passé entre l'AIC et la France portait sur la reconnaissance par cette dernière du drapeau d'azur étoilé d'or de l'Association Internationale du Congo (qui sera successivement, au gré des changements de dénomination, Association Internationale Africaine, Comité d'Etudes du Haut Congo, Association Internationale du Congo puis Etat Indépendant du Congo) et non sur une délimitation des frontières entre le domaine colonial français et celui de l'AIC. Aussi la France s'engageait-t-elle à ne pas mettre obstacle à l'exercice des droits de l'Association.

A contrepartie, l'Association Internationale du Congo s'engageait à donner à la France un « droit de préférence si, par des circonstances imprévues et qui seraient en contradiction avec le but qu'elle poursuit, l'Association était amenée un jour à réaliser ses possessions »[229].

---

[227]Cfr. J., BRUHAT, *Léopold II, dans les politiques d'expansion impérialiste,* Paris, Hatier, 1949, p.45.

[228]J., STENGERS, « Léopold II et la rivalité franco-anglaise en Afrique », in *Revue belge de philologie et d'histoire*, (mars 1969), n° 1752, pp. 45-65.

[229]Selon F., BONTINCK, le texte de base de l'Accord du 15 novembre 1884 va subir des modifications importantes réduisant de manière notable l'étendue des engagements de la France vis-à-vis de l'Association internationale du Congo. Aussi, comme l'indique l'auteur citant le texte de l'accord du 15 novembre 1884, la France s'était engagé à « respecter les stations et les territoires libres de l'Association et de ne pas mettre obstacle à l'extension des droits qu'elle s'est fait céder », un engagement qui ne se réduira, plus tard, qu'en une simple obligation de ne pas mettre obstacle « à l'exercice des droits de l'Association ». Quant à la nature juridique de ces droits sur des territoires cédés par des chefs locaux à l'AIC, pour la France, ils ne se réduisaient qu'en des simples droits de propriété.

Par ailleurs, s'agissant de la clause accordant le droit de préférence au profit de la France, l'auteur note la levée de la conditionnalité de la survenance « des circonstances imprévues et qui seraient en contradiction avec le but qu'elle (AIC) poursuit » qui avait pour effet de rendre le droit de préférence particulièrement hypothétique, la définition du but de l'association étant du seul ressort du roi. L'unique conditionnalité retenue pour la mise en œuvre du droit de préférence était désormais la réalisation, par l'AIC, de

C'est en marge des travaux de la conférence de Berlin débutés le 15 novembre 1884 que des difficiles négociations seront engagées entre l'AIC et la France pour la délimitation de leurs frontières respectives. Ces tractations vont aboutir à la signature de l'accord du 26 février 1885 portant délimitation des frontières entre le domaine colonial français et le territoire de l'AIC[230]. Aux termes de cet accord, le roi va se résoudre à céder à la France la vallée du Niari-kwilou et la rive droite du Congo. Cette cession territoriale d'une vallée dont l'occupation a été particulièrement couteuse comme en témoigne des nombreuses stations y fondées paraissait très douloureuses[231]. D'où l'exigence royale, à l'adresse de la France, d'une indemnité de 5 millions de franc. Pour obtenir cette somme faramineuse, il avait imaginé d'ailleurs un procédé ingénieux : Il prétendait avoir mis en garanti le Niari-kwilou auprès des banques pour l'obtention d'un prêt de 5 millions de franc[232]. C'est une pure invention, mais qui, croyait-il contribuera à forcer la main aux français. Peine perdue, car Jules Ferry restera, sur ce point, intraitable[233]. Devant cette catégorique fin de non-recevoir, profitant de sa fausse aura de « roi philanthrope »[234], il va solliciter, à titre de compensation financière, l'autorisation d'émettre une loterie en France à son profit, une possibilité qui n'était, selon la législation française, qu'ouverte aux organisations caritatives. Selon Banning Emile,

---

ses possessions territoriales au profit d'un autre Etat bien que, selon l'interprétation retenue par les deux protagonistes, le droit de préférence ne pouvait jouer dans l'hypothèse où la Belgique succédait à l'EIC.

[230]Cfr. E., VANDEWOUDE, *Inventaire des archives relatives au développement extérieur de la Belgique sous le règne de Léopold II,* Paris, Hachette, 1965, pp. 789-795.

[231]E., MENDIAUX, *Histoire du Congo des origines à Stanley,* Paris, Duculot, 1996, pp. 85-96.

[232]Cfr. J., MARCHAL, *L'Etat libre du Congo : Paradis perdu,* Paris, Duculot, 1978, pp. 79-91.

[233]J., STENGERS, *Congo : Mythes et réalités. 100 ans d'histoire,* Bruxelles, Bruyant, 2002, pp. 451-461.

[234]Dans le même ouvrage, J., STENGERS affirme que l'une des postures diplomatiques la plus emblématique du roi Léopold II était de faire passer son œuvre de conquête coloniale comme une mission civilisatrice et d'humanité se risquant même de tenter un rapprochement entre l'AIC et la grande œuvre d'humanité de Genève, la Croix-Rouge. Le roi avait même pu, note l'auteur, tromper le jugement de certains de ses interlocuteurs comme Jules Ferry qui le décrivait comme « un roi rêveur qui a la maladie des chimères ».

proche collaborateur du roi et véritable architecte de l'œuvre coloniale léopoldienne, au-delà de cette amputation du Niari-kwilou, l'AIC avait aussi consenti à la perte de trois cents kilomètres de littoral maritime[235]. Ce qui, à l'évidence, a une incidence sur la configuration actuelle des côtes de la République démocratique du Congo et donc sur la délimitation des espaces maritimes sous notre juridiction d'avec ceux, sous juridiction de l'Angola comme nous allons le voir dans les pages suivantes[236].

Toutefois, après ces douloureuses concessions faites par l'Association Internationale du Congo avec la signature du traité du 26 février 1885, la France soulèvera une nouvelle difficulté en remettant en cause sa propre signature[237]. La nouvelle position de Paris sur la question pouvait s'exprimer en ces trois propositions :

- Il n'était plus question pour le gouvernement français d'admettre l'organisation, en France, d'une loterie de 20 millions de franc au profit de l'Association Internationale du Congo, en compensation de la cession du bassin du Niari-Kwilou et de la rive droite du Congo comme il s'y était pourtant engagé.
- Il maintenait ses prétentions à la clause lui reconnaissant un droit de préemption, de préférence qui lui était favorable[238].
- Enfin, il entendait procéder à l'extension de ces prétentions en réclamant la possession de tout le bassin de l'Ubangi.

En vue d'un règlement heureux de ce nouveau différend territorial, les protagonistes feront d'abord le choix de l'arbitrage avec un arbitre unique, le Président de la République

---

[235]E., BANNING, *Le partage politique de l'Afrique,* Bruxelles, IRCB, 1888, pp. 114-125.

[236]Cfr. LUKOKI MAVOKA, *De l'Etat Indépendant du Congo à la République du Zaïre,* Paris, L'Harmattan, 1995, pp. 96-101.

[237]L., DELAVAUD, « La France et la Portugal au Congo », in *Revue de Géographie,* (janvier-juin 1883), n° 12, pp. 23-30.

[238]J., BLANC, « Le droit de préférence de la France sur le Congo belge », in *Etudes africaines,* (juin-septembre 1921), n° 45, pp. 45-65.

helvétique239. Finalement, les parties vont préférer négocier directement plutôt que de se référer à un arbitre240. Dans un contexte des rapports de force en déséquilibre entre les parties, la négociation pu aboutir à la signature du Protocole du 10 mai 1887 intégrant pratiquement toutes les prétentions françaises241. Le nouvel accord entre la France et l'Association Internationale du Congo se résumait en ces quelques lignes :

- La renonciation par l'Etat Indépendance du Congo de se prévaloir de l'engagement pris par la France au sujet de la loterie. Toutefois, les titres de l'emprunt de l'Etat Indépendant du Congo autorisés en Belgique, pouvaient être admis à une cotation à la Bourse de Paris jusqu'à concurrence de 80 millions.
- Au sens de l'Etat Indépendant du Congo, le droit de préférence accordé à la France, dans l'hypothèse où la Belgique succédait à l'EIC, ne pouvait nullement être opposé à cette dernière[242]. Cette interprétation fut acceptée par la France. Toutefois, il a été entendu qu'au cas où la Belgique procédait à la réalisation des possessions qu'elle aurait ainsi acquise grâce à sa substitution à l'Etat Indépendant du Congo, le droit de préférence serait ainsi invoqué.
- Enfin, au nord-ouest, la limite entre la France et l'EIC fut reportée au cours moyen de l'Ubangi faisant perdre à l'Etat Indépendant du Congo d'importantes étendues territoriales[243].

---

[239] *Idem*, pp. 30-35.

[240] F., MASOIN, *Histoire de l'Etat indépendant du Congo*, Paris, Seuil, 1965, pp. 254-265.

[241] E., MBOKOLO, *Afrique noire. Histoire et civilisation du XIXème siècle à nos jours*, Paris, Hatier, 2004, pp. 78-89.

[242] Cfr. R., YAKEMTCHOUK, « Le prétendu droit de préemption sur le Congo », in *Etudes Congolaises*, (janvier-mars 1968), n°11, pp. 55-61.

[243] A.J., WAUTERS, *L'Etat Indépendant du Congo*, Paris, Seuil, 1899, pp. 56-69.

Paragraphe II. Du Traité anglo-portugais du 26 février 1884 à la Convention du 25 mai 1891 entre l'EIC et le Portugal.

Outre, les prétentions territoriales françaises, l'AIC devait affronter aussi une expansion coloniale portugaise aussi menaçante que celle de Paris[244].

En effet, comme indiqué précédemment, le traité passé entre le Portugal et l'Angleterre dès le 26 février 1884 reconnaissant au premier une souveraineté sur l'embouchure du Congo et les deux rives du Congo en contrepartie de certains privilèges économiques vouait l'aventure coloniale léopoldienne à une ruine certaine en ce qu'il lui privait d'une ouverture vers la mer[245]. Aussi, pour empêcher son éventuelle ratification, il va engager, au plus haut niveau, des négociations avec ces deux puissances coloniales[246]. Avec le Portugal, il n'a pu parvenir qu'à un simple accord verbal dans lequel, l'Association Internationale du Congo, au profit de laquelle le Portugal reconnaissait l'acquisition de la souveraineté sur certains territoires, déclarait « céder au Portugal le droit de souveraineté résultant de ceux de ces traités et engagements qui se rapportent à des territoires compris dans les possessions portugaises du Bas-Congo, telles qu'elles seront délimitées en vertu du traité conclu entre le Portugal et l'Angleterre. Le Portugal aura tous les droits et avantages comme les charges et obligations ... »[247].

Quant au Portugal, il s'engageait à conserver dans les territoires cédés, au profit de l'Association, « des droits de propriété et de location ». Aussi, poursuivait le texte de l'accord, « les marchandises de toute nature, y compris les armes et les munitions en destination des possessions de l'Association et des marchandises de toute nature provenant des

---

[244]J., DEPELCHIN, *De l'Etat indépendant du Congo au Zaïre contemporain*, Paris, Hachette, 1996, pp. 456-465.

[245]Cfr. M.G., ALEXIS, *Le Congo belge illustré ou l'EIC sous la souveraineté de Léopold II*, Paris, Seuil, 1991, pp. 89-96.

[246]R., CORNEVIN, *Histoire du Zaïre. Des origines à nos jours*, Bruxelles, Hayez, 1989, pp. 174-180.

[247]E., MBOKOLO, *L'Afrique noire au XXème siècle, le continent convoité*, Paris, Seuil, 1985, pp. 78-85.

mêmes territoires transitant par eau à travers les possessions portugaises du Bas-Congo, seront affranchies de tout droit de douane, de transit et de toute autre taxe de quelque nature et dénomination que ce soit »[248].

En outre, au-delà du ralliement de différentes chambres de commerce britanniques qu'il s'agisse de celle de Londres, de Rotterdam que celle de Hambourg, très attachées au principe capitaliste de la liberté de commerce, à la position royale contre le traité anglo-portugais, rien n'y faisait[249]. La ratification de ce traité par le Parlement anglais semblait imminente et à Lisbonne, un projet de loi portant création des provinces portugaises du Congo ayant pour chefs-lieux les districts de Cabinda, Landana, Banana, Boma et Nokki était en discussion aux Cortès sur proposition du gouvernement[250].

Peu satisfait d'un accord aussi léonin ne présentant, par ailleurs, aucune garantie de stabilité du fait de son oralité, le roi, en habile négociateur, pour faire pression sur le Portugal, proposera alors à Paris un droit de préférence. Ce qui ne pouvait vraiment être du goût de Lisbonne qui redoutait alors affronter, en cas de réalisation du fameux droit de préférence, un adversaire bien plus coriace que l'Association Internationale du Congo même si, cette arme fatale imaginée par Léopold II ne sera pas utilisée dans cette bataille pour la reconnaissance des frontières, le traité anglo-portugais ayant fait l'objet d'une dénonciation de la part de l'Angleterre face au risque croissant d'isolement diplomatique après des vives protestations des autres puissances coloniales notamment la France et l'Allemagne qui, en ce moment, cultivaient une certaine collaboration dans les affaires africaines.

Dès lors, le règlement de la question territoriale entre l'Association Internationale du Congo et le Portugal se fera au cours des négociations engagées entre les représentants

---

[248]I., NDAYWEL, *Nouvelle histoire du Congo. Des origines à la République Démocratique,* Bruxelles, LE CRI. Afrique éditions, 2008, pp. 24-25.

[249]Cfr. F., OCATTIER, *Etude sur la situation de l'Etat Indépendant du Congo,* Paris, Hatier, 1996, pp. 96-104.

[250]Cfr. J.B., OALLART, *L'Etat Indépendant du Congo,* Paris, Hachette, 1985, pp. 132-145.

du roi Léopold II et les plénipotentiaires portugais, en marge des travaux de la Conférence de Berlin[251].

Le texte de base de la négociation engagée entre l'Association Internationale du Congo et le Portugal reconnaissait la souveraineté de l'Association sur la rive droite du fleuve Congo. Au Portugal devait revenir la rive gauche jusqu'en face de Boma, ensuite le 6ème parallèle jusqu'au Kwango. Mais, le Cabinet de Lisbonne, revendiquant des « droits historiques » sur le bassin du Congo, ne pouvait se satisfaire d'un tel arrangement. Désormais, le Portugal exigeait comme minimum acceptable Cabinda, Molembo, Landana et Banana. Sur la rive gauche, c'est la rivière Mpozo débouchant en face de Vivi qui était désormais exigé comme limite avec le domaine territorial de l'Association. Ce qui avait pour conséquence d'assurer aux portugais une mainmise sur l'embouchure du gigantesque fleuve Congo. Une telle perspective compromettait gravement l'aventure coloniale léopoldienne.

Finalement, le 15 février 1885, les parties purent accorder leur violent sur un texte impliquant des douloureuses concessions pour l'Association Internationale du Congo.

En effet, la société fictive pompeusement baptisée « Association Internationale du Congo » due se résoudre à abandonner, le long du littoral, une enclave comprenant le Landana dont l'occupation par le Portugal était, au moment de la signature de l'accord, effective, Cabinda et Molembo inscrits, dans un contexte de conquête coloniale, en lettre d'or sur le marbre constitutionnel portugais comme faisant partie du domaine de la couronne. Sur la rive gauche, la limite avec le territoire de l'Association Internationale du Congo reculait

---

[251]La fameuse Conférence de Berlin comprenait sept points regroupés sous forme des chapitres dont le tout premier posait le principe de la liberté du commerce qui impliquait notamment l'exclusion de toute concession de monopole ou de privilège de quelque espèce qu'il soit en matière commerciale, la gratuité du droit d'entré pour toutes les marchandises pendant une durée de vingt ans et la liberté d'établissement. A côté de cette règle cardinale définie par la conférence de Berlin en ce qui est du bassin conventionnel du Congo, l'on peut également, à titre indicatif, citer trois autres principes retenus par la conférence : le principe de la neutralité du bassin du Congo, le principe de la liberté des mers et le principe de l'illicéité de la pratique d'esclavage.

jusqu'à Nokki, avec le parallèle de ce point jusqu'au Kwango (article 3 de la Convention du 14 février 1885).

Toutefois, l'Association Internationale du Congo obtint de conserver Banana, Ponta de Lenha et Boma avec une vingtaine de kilomètres de côtes. Devant un accord aussi léonin satisfaisant largement l'orgueil colonial portugais, le roi Léopold II a tenté, en vain, d'obtenir un soutien allemand en écrivant au Prince Bismarck l'avertissant que si le territoire de l'Association Internationale du Congo était coupé de la mer, il envisageait bien d'abandonner l'entreprise.

Plus tard, le 25 mai 1891, un autre traité fut signé entre les deux parties à Bruxelles lequel abrogeait notamment les dispositions ci-dessus en ces termes : « la délimitation partielle de frontières posée au 6ème alinéa de l'article 3 de la Convention du 14 février 1885 est interprétée, précisée et rectifiée dans les termes suivants : dans le fleuve Congo...et depuis son embouchure jusqu'au parallèle passant ... à Nokki, la ligne séparatrice des eaux appartenant respectivement aux deux Etats sera la ligne moyenne du chenal de navigation généralement suivi par les bâtiments de grand tirant d'eau... »[252].

Une fois de plus, le caractère déséquilibré du traité du 15 février 1885 puis celui rectificatif du 25 mai 1891, comme des autres traités passés entre l'Association Internationale du Congo et la France dont il a été question précédemment, trouve explication dans l'inégalité des rapports de force entre un groupement associatif marchand, l'AIC dépourvue d'une armée structurée, instrument par excellence de la souveraineté et de l'affirmation des prétentions étatiques dans les relations internationales et l'ancienne grande puissance en expansion colonial, le Portugal.

De plus, le roi Léopold II, chef d'Etat d'une Belgique jusqu'alors très attachée à sa neutralité dans un contexte de rivalité entre puissances, sur fond des conquêtes coloniales, ne pouvait s'affronter au Portugal sans risquer une levée de bouclier de l'opinion publique belge. Autant souligner que l'idée d'un complément territorial d'outre-mer à la Belgique est

---

[252] Cfr. Traité du 25 mai 1891, cité par J.B., OALLART, *Op.Cit.*, p. 56.

une aventure personnelle du roi[253]. Qu'il s'agisse de l'opinion publique dont la note dominante face au projet royal était soit l'indifférence soit l'ironie ou qu'il s'agisse des milieux d'affaires qui, en 1878, lorsque se constitue le Comité d'Etudes du Haut-Congo, ne s'étaient vraiment pas bousculés comme potentiels souscripteurs pour financer l'entreprise royale, à quelques exceptions près, ou même qu'il s'agisse de son entourage direct redoutant que le roi ne se ruine financièrement et que sa situation au plan de la politique interne se dégrade, ou, en fin, qu'il s'agisse de la classe politique belge, toutes tendances confondues, qui ne semblait encore avoir adhérer à la thèse de Léopold II selon laquelle le redressement économique de la Belgique était conditionné par l'acquisition d'une colonie, personne ne trouvait alors le moindre intérêt à soutenir une initiative qui, pensait-on, à l'époque, ne correspondait nullement aux intérêts nationaux de la Belgique.

Comme on peut s'en rendre compte, l'histoire de la délimitation des frontières de la République démocratique du Congo a eu des conséquences absolument fâcheuses susceptibles de resurgir sur les différends terrestres ou maritimes avec des Etats limitrophes notamment l'Angola au sujet de l'épineux dossier de la délimitation des frontières maritimes de deux Etats sur la côte Atlantique dont il est question dans la présente étude.

En effet, souvent célébré dans des livres d'histoire comme un génie politique pour avoir mise en œuvre un vieux rêve d'acquisition territoriale dans un contexte de conquête coloniale par les grandes puissances plutôt défavorable, Léopold II, obligé de donner son accord aux traités ayant présidé à la délimitation des frontières de son Etat Indépendant du Congo, avait, loin s'en faut, subi un camouflet diplomatique retentissent, le Portugal de Diego-Cao s'étend tailler la part du

[253]Profitant de la possibilité que l'article 62 de la constitution belge de cette époque marquée par les conquêtes coloniales lui donnait d'être à la fois souverain de l'Etat belge mais aussi d'un autre Etat, le roi Léopold II, après la reconnaissance de l'Etat Indépendant du Congo par les grandes puissances représentées à la conférence de Berlin, va, par une lettre datant du 15 avril 1885, prier ses ministres de lui obtenir, auprès du parlement, une autorisation de devenir le souverain du futur Etat. Cette autorisation parlementaire lui fut accordée respectivement le 28 et 30 par la chambre des députés et le Sénat belge.

lion lors de l'occupation coloniale de l'Afrique centrale et la France, en plein expansion coloniale, ayant procéder au déguerpissement de l'Association, sous couvert du traité du 26 février 1885, de la vallée du Niari-Kwilou et de la côte.

Sous-section II : THEORIE DE LA SUCCESSION D'ETATS ET EFFICACITE JURIDIQUE DES TRAITES TERRITORIAUX CONCLUS ENTRE L'AIC ET LES PUISSANCES COLONIALES SUR LA RDC

Pour juger de l'efficacité juridique des traités de territoire passés entre l'Association Internationale du Congo et les puissances coloniales (France et Portugal) lors de l'occupation coloniale de l'Afrique centrale, il importe de recourir à la théorie de la succession d'Etats. Pour en comprendre les contours, la démarche consistera d'abord à en étudier la notion (§1), puis viendra le temps de la confrontation entre « succession d'Etats » et droit international conventionnel (§2).

Paragraphe I. Notion de succession d'Etats

La définition retenue de l'expression « succession d'Etats » par la CDI et les conférences de codification du droit de la succession d'Etats est qu'il s'agit d'une situation de « substitution d'un Etat à un autre dans la responsabilité des relations internationales d'un territoire » (article 2, §1, al. b, commun aux Conventions de Vienne de 1978 et de 1983)[254].

Au plan jurisprudentiel, cette acception, plus ou moins étendue, de la notion de succession d'Etats a été accueilli avec un certain enthousiasme. Aussi la CIJ, dans son arrêt rendu le 11 septembre 1992 dans l'affaire du différend frontalier terrestre, insulaire et maritime entre le Honduras, le Salvador et le Nicaragua, affirme-t-il que « la succession d'Etats est une des manières dont la souveraineté territoriale se transmet d'un Etat à un autre ». Et d'ajouter : « ... Il n'y a apparemment aucune

[254]Article 2, §1, al.b, commun aux Conventions de Vienne de 1978 et de 1983, *Op.Cit.*, p. 58.

raison, en principe, pour qu'une succession ne crée pas une souveraineté comme dans les cas où une zone maritime unique et indivise est transmise à deux ou plusieurs Etats » [255]. La sentence arbitrale du 31 juillet 1989 relative à la délimitation de la frontière maritime entre la Guinée-Bissau et le Sénégal et l'avis n°1 de la Commission d'arbitrage pour la Yougoslavie du 29 novembre 1991 retiennent également la même définition.[256].

Il en ressort que la notion de « succession d'Etats » peut recouvrir une multitude des situations comprenant toute à la fois la cession, l'annexion, la fusion, la scission et la sécession en dehors du contexte de décolonisation ou dans ce cadre de la décolonisation. C'est cette dernière hypothèse qui connaitra un développement dans la mesure où la République démocratique du Congo comme l'Angola sont deux Etats constitués sur des territoires faisant anciennement l'objet d'occupation coloniale par le mécanisme de la sécession dans un contexte de décolonisation[257].

En fin, il convient de remarquer que la question de l'admission d'une situation de changement de gouvernement emportant une mutation révolutionnaire de régime politique parmi les hypothèses traditionnelles prévues par le droit de la succession d'Etats a souvent été posée. Dans la droite ligne des principes pertinents édités par le droit international, PATRICK DAILLIER et ALAIN PELLET ont pris le risque de donner une réponse tranchée à cette question en affirmant que « par soucis d'éviter des atteintes aux droits des autres Etats à l'occasion des soubresauts de la vie politique interne des Etats, conformément (au principe de la continuité de l'Etat et) aussi au principe de la non-ingérence dans les affaires intérieures, corollaire de la souveraineté et de l'autonomie constitutionnelle, le droit international affirme la survie de la personnalité juridique de chaque Etat à travers ses régimes constitutionnels successifs. En conséquence, tout gouvernement nouveau est tenu au respect

---

[255]CIJ, arrêt du 11 septembre 1992, affaire du différend frontalier terrestre, insulaire et maritime entre le Honduras, le Salvador et le Nicaragua, série A/B/, n°65, p.45.

[256]P., DALLIER et A., PELLET, *Doit International public,* 9 éd., Paris, L.G.D.J, pp.1178-1182.

[257]M., BEDJAOUI, « Problèmes récents de succession d'Etas dans les Etats nouveaux », in *RCADI,* (juin-août 1985), n°1481, pp. 45-51.

strict des engagements internationaux contractés par les autorités antérieures. Même le gouvernement légal rétabli dans son autorité ne peut nullement s'en donner à une répudiation des engagements pris par le gouvernement révolutionnaire évincé même si, ce dernier n'aurait pas fait l'objet d'une reconnaissance internationale »[258].

Paragraphe II. La succession d'Etats et l'ordre juridique conventionnel.

La régulation des situations de succession d'Etats issues de la décolonisation est l'œuvre toute à la fois du droit international général qui pose le principe de la transmissibilité des traités de nature territoriale (A) et, au plan du continent africain, l'UA, à la suite de son prédécesseur, l'OUA, pose le principe de l'intangibilité des frontières héritées de la colonisation pour régler la question de l'opposabilité des traités portant sur la détermination du tracé territorial colonial aux Etats successeurs (B).

A. Le droit international général face à la succession d'Etats issue de la décolonisation.

Pour régler la question de la succession des traités de l'Etat prédécesseur à l'Etat successeur[259], le droit international pose le principe de l'intransmissibilité de l'ordre juridique s'entend d'une extinction de l'ordre juridique valable sur le territoire de l'Etat prédécesseur avant la substitution de compétence par le seul fait de la mutation du titre[260]. Ce principe de l'intransmissibilité de l'ordre juridique est consacré par l'article 16 de la Convention de Vienne du 22 août 1978 qui pose le principe selon lequel un « Etat nouvellement indépendant n'est pas tenu de maintenir un traité en vigueur à

---

[258]P., DALLIER et A., PELLET, *Op.Cit.*, pp. 1189-1191

[259]C., ECONOMIDES, « Les effets de la succession d'Etas sur la nationalité », in *RGDIP, (juillet-septembre 2001), n°1235, pp. 78-82.*

[260]J., KLABBERS (dir.), *Pratique des Etas concernant la succession d'Etats et les questions de reconnaissance,* La Haye, Kluwer, 2005, p. 654.

l'égard du territoire auquel se rapporte la succession d'Etats »[261]. Dans le même sens, la CDI affirmait qu'un « Etat nouvellement indépendant aborde son existence internationale libre de toute obligation de continuer à appliquer les traités en vigueur à l'égard de son territoire ».

Toutefois, pour des raisons évidentes de stabilité du système international, le droit de la succession d'Etats admet une dérogation à ce principe général d'intransmissibilité de l'ordre juridique en ce qui est des traités portant fixation des frontières et des autres traités territoriaux même si, cette opposabilité immédiate des traités territoriaux à l'Etat successeur ne s'entend que d'une simple obligation de prendre acte d'un régime conventionnel donné, avec des droits et obligations que celui-ci implique[262]. L'Etat successeur ne peut donc nullement être considéré comme une partie au traité[263]. C'est ce qu'exprimaient en leurs propres mots, dans leur « droit international public », Serge SUR et Jean COMBACAU en affirmant qu'un Etat nouveau «… ne succède pas à un traité, au regard duquel il est tiers, mais à un régime, dont l'origine conventionnelle ou autre est sans pertinence : seul importe le fait qu'il ait été posé par les Etats qui avaient compétence pour le faire au moment où le régime a été établi ; la compétence ne se transmet pas, c'est vrai, mais il n'en va pas de même pour le titre territorial, dont la cession est l'occasion de la succession d'Etats ; il n'y a donc rien d'anormal dans le fait qu'il soit transmis dans l'état où l'a laissé le prédécesseur »[264].

Règle coutumière présente fort bien longtemps dans la pratique des Etats, cette règle a été invoquée contre l'Etat belge par la Déclaration finale de la Conférence de Londres, au lendemain de sa fondation en 1830 après le démembrement des Pays-Bas, laquelle précisait que « les événements qui ont fait

---

[261]Article 16 de la Convention de Vienne du 22 août 1978 sur le droit de succession d'Etats en matière des traités internationaux. [En ligne] http://www.un.org/deps/los/legislations (Page consultée le 24 avril 2014).

[262]M., MARCOFF, *Accession à l'indépendance et succession d'Etats aux traités internationaux*, Paris, L.G.D.J, 1990, pp. 452-454.

[263]A., SHEARER, « La succession d'Etats et les traités non localisés », in *RGDIP, (octobre-décembre 2003), n°5647, pp. 12-23.*

[264]S., SUR et J., COMBACAU, *Droit international public,* 9ème éd., Paris, Dalloz, 2005, pp. 458-460.

naitre en Europe un Etat nouveau ne lui donnent pas le droit d'altérer le système général dans lequel il entre »[265]. Mettant en application cette règle dont le caractère coutumier ne pouvait alors être contesté, la Cour Permanente de Justice Internationale, avait pu juger, dans son arrêt sur les zones franches, que la France, Etat successeur de la Sardaigne après la cession en sa faveur de la Savoie et de Nice, par le traité de Turin du 24 mars 1860 conclu avec la Sardaigne, Etat prédécesseur, était tenue au respect des accords de délimitation de la région de Saint-Gingolph intervenus avant cette cession[266].

Ce n'est que plus tard, avec l'adoption de la Convention de Vienne du 22 août 1978 sur la succession en matière des traités la retenant à ces articles 11 (régimes de frontière) et 12 (autres régimes territoriaux) que ce principe coutumier connaitra une consécration conventionnelle particulièrement solennelle[267]. Au plan de la jurisprudence internationale, la CIJ, dans son arrêt du 22 décembre 1986 relatif à l'affaire du différend frontalier entre le Burkina Faso et la République du Mali, avait mis en application cette règle en estimant que « … l'obligation de respecter les frontières internationales préexistantes en cas de succession d'Etats découle sans aucun doute d'une règle générale de droit international, qu'elle trouve ou non son expression dans la formule uti possidetis »[268]. D'autres arrêts de la même instance de règlement judiciaire confortaient cette règle. Aussi, la CIJ a-t-elle également considéré qu'après son accession à l'indépendance, la Slovaquie avait succédé à un traité conclu en 1977 entre la Hongrie et la Tchécoslovaquie prévoyant l'aménagement d'une portion considérable du Danube et donc comportant un caractère territorial. En conformité avec sa jurisprudence antérieure, la

[265]Cfr. Déclaration finale de la Conférence de Londres, cité par K., YASSEEN, « La Convention de Vienne sur la succession d'Etats en matière de traités », in *AFDI*, (mai-août 2000), n° 2547, pp. 25-29.

[266]P., PAZARTZIS, *La succession d'Etats aux traités multilatéraux à la lumière des mutations territoriales récentes,* Paris, Pedone, 2006, p.254.

[267]Articles 11 et 12 de la Convention de Vienne du 22 août 1978 sur le droit de succession d'Etats en matière des traités internationaux. [En ligne] http://www.un.org/deps/los/legislations (Page consultée le 24 avril 2014).

[268]CIJ, arrêt du 22 décembre 1986, affaire du différend frontalier entre le Burkina Faso et la République du Mali, série A/B, n°46, p. 147.

Cour déclarait également recevable toute prétention du Cambodge tendant à se prévaloir des traités sur le tracé des frontières passés entre la France (alors Etat protecteur) et le Siam (correspondant à l'actuelle Thaïlande) entre 1904 et 1907[269]. Dans le même sens, le Tribunal arbitral chargé de la délimitation de la frontière maritime entre la Guinée-Bissau et le Sénégal, dans sa sentence du 31 juillet 1989, rejetait avec force toute idée d'application du principe de la table rase aux traités relatifs aux frontières, qu'elles soient terrestres ou maritimes[270].

Il est à noter également que cette dérogation au principe de l'intransmissibilité est également valable une autre catégorie des traités. Il s'agit principalement des traités créant des situations objectives telles une neutralisation, une démilitarisation, une exemption d'armes nucléaires ou la liberté de navigation pour tous dans certaines voies d'eaux (à ce compris le cas précédemment invoqué des traités territoriaux) et des traités déclaratoires de normes coutumières (article 5 de la Convention de Vienne)[271].

B. Les solutions africaines aux situations de succession d'Etats résultant de la décolonisation

Pour une meilleure compréhension du principe de l'intangibilité des frontières adopté par les Etats africains (II), il est important de remonter à ses origines latino américaines avec le principe de l'Uti possidetis (I).

I. Le précédent latino américain : Principe de l'Uti possidetis

Remontant de l'antiquité romaine avec comme dénomination « Uti possidetis, ita possideatis » (comme si tu

---

[269] Cfr. B., STERN, « Responsabilité internationale et succession d'Etats », in *BYBIL, (juin-août 2006), n°7895, pp. 56-61.*

[270] Tribunal arbitral, sentence du 31 juillet 1989, affaire de la délimitation de la frontière maritime entre la Guinée-Bissau et le Sénégal, RSA, vol. XXI, p. 147.

[271] *Idem*, p. 62.

possèdes, continue de posséder) à une époque où la guerre était encore légitimée comme un des moyens à la disposition de chaque Etat pour défendre ses intérêts sur la scène internationale272, le principe de l'Uti possidetis se fondait alors sur une double condition nécessaire : Le fait de l'existence d'une guerre et la possession de fait qui en découle. C'est dans ce sens qu'abordait d'ailleurs Dia Van DUNEM en affirmant « qu'on ne peut parler de l'Uti possidetis en droit des gens sans se rapporter directement ou indirectement à l'état de guerre »273.

Toutefois, au XIXème, au moment des indépendances des Etats d'Amérique latine, anciennes circonscription administrative du vaste domaine colonial espagnol d'Amérique274, à l'exception notable du Brésil portugais, le principe de l'Uti possidetis y proclamer avait déjà connu une mutation sémantique275, la préoccupation première de ces Etats étant de se prémunir contre toute velléité expansionniste européenne276. Cette nouvelle acception du principe de l'Uti possidetis a été confirmée par le professeur De la PRADELLE en affirmant que « la faveur dont jouit, à cet époque le principe, tient moins à son avantage présumé comme mode de solution de conflits, qu'à son intérêt pour la proclamation mondiale de l'indépendance globale du continent sud-américain »277. Et de poursuivre que « l'Uti possidetis ressemble ainsi au procédé européen de la sphère d'influence adopté dans la seconde moitié

---

[272]A., BENMESSAOUD, *Intangibilité des frontières coloniales et espace étatique en Afrique*, Paris, L.G.D.J, 1989, p. 79.

[273]D. V., DUMEN, *Les frontières africaines*. Thèse, Aix-en-Provence, 1969, p.258.

[274]F., LANGENHOVE, « Le problème de l'intégrité nationale des Etats issus de la décolonisation », in *Res publica, (juin 1961), n°3, pp. 111-129.*

[275]Selon Calvo (cité par A., BENMESSAOUD, *Op.Cit.*, p. 125), cette notion de l'Uti possidetis est « un terme latin qui signifie : Comme chacun possède. S'emploie dans un traité, un acte international ou diplomatique pour exprimer que, chaque puissance conservera ce dont elle était antérieurement ou est actuellement en possession, comme par exemple, lorsque l'état respectif de possession de chacune des puissances contractantes au moment de la conclusion d'un traité de paix est, à moins de dispositions contraires, considéré comme la base du nouvel ordre de choses établi par la paix : Chacune conserve la souveraineté du territoire qu'elle occupe ».

[276]Cfr. R., LAZRAK, *Le contentieux territorial entre le Maroc et l'Espagne*, Casablanca, Dar El Kitab, 1974, p. 456.

[277]C'est la volonté farouche des Etats latino-américains d'écarter toute ingérence des anciennes métropoles qui est à la base de l'affirmation du principe de l'Uti possidetis.

du XIXème siècle par les puissances européennes pour le partage du continent africain. Dans l'un et l'autre cas, il s'agit d'exclure les Etats tiers »278.

Peu après, lorsque les menaces d'occupation européenne étaient finalement devenues un vieil épouvantail digne des tiroirs l'histoire, le principe de l'Uti possidetis recouvrait désormais une réalité sémantique nouvelle devenant non seulement une source de délimitation des frontières mais aussi un moyen de règlement des différends qui leur sont inhérents. Dans sa forme nouvelle, le principe de l'Uti possidetis adjoint donc les Etats au respect du statu quo territorial correspondant à l'ancien découpage administratif colonial espagnol279.

II. Des prémices à la consécration juridique du principe africain d'intangibilité des frontières

C'est dans le cadre onusien, à la XVème puis à la XVIème session de l'Assemblée Générale des Nations Unies consacrées respectivement aux questions mauritanienne et algérienne que les Etats africains vont donner leur position sur l'épineuse question de l'efficacité juridique des traités de délimitation territoriale passés entre différentes puissances coloniales lors de l'occupation coloniale de l'Afrique[280].

Pour sa part, condamnant sans détour les prétentions territoriales marocaines sur la Maurétanie nouvellement indépendante[281], le représentant du Sénégal s'exprimait en ces termes : « les pays d'Afrique ont subi au cours de l'histoire de nombreuses modifications de frontières. A la suite de ces transformations, il est arrivé qu'un même groupe ethnique soit scindé en deux fractions placées chacune sous une

---

[278]P.G., DE LA PRADELLE, *La frontière,* Paris, L.G.D.J, 2000, p.58.

[279]D. F., BOURJORL, « Heurs et malheurs de l'Uti possidetis. L'intangibilité des frontières africaines », in *Revue juridique et politique. Indépendance et coopération*, (juillet-septembre 1990), n°3, pp.52-60.

[280]C., N'TUMBA, *La notion de frontière et de solidarité en Afrique noire francophone.* Mémoire de première année de doctorat de spécialité présenté à la Faculté de droit de Rabat. Rabat, 1996, pp.63-85.

[281]Cfr. M., LAMOURI, *Le contentieux relatif au territoire terrestre du Maroc,* Paris, L.G.D.J, 1978, pp. 45-60.

administration différente. Mais l'indépendance des Etats d'Afrique a été réalisée, à juste titre, sur base des frontières actuelles ; s'il avait fallu reconstituer d'anciens ensembles politiques, cette indépendance des Etats d'Afrique n'aurait pas été acquise dans les conditions de paix et de concorde... ». Aussi concluait-il qu'au moment « où les pays africains sont confrontés à des situations complexes, la sagesse veut que l'on évite de remettre en cause les frontières actuelles ». De son côté, s'alignant parfaitement sur cette position du Sénégal, le représentant du Gabon en appelait aussi au strict respect du statu quo territorial colonial[282].

A la XVIème session de l'Assemblée Générale des Nations Unies, c'est contre les tentatives françaises de procéder au détachement d'une partie du Sahara de l'ensemble algérien que les Etats africains marqueront leur farouche opposition[283]. Réitérant sa position de la session précédente, le représentant du Sénégal estimait qu'en ce qui est de « l'intégrité du territoire algérien, le Sénégal, comme la plupart des Etats africains, estime que les colonies qui accèdent à l'indépendance doivent garder leurs limites territoriales, comme cela s'est produit en Amérique latine. Si des problèmes de frontières devaient se poser chaque fois qu'un Etat devient indépendant, ces problèmes seraient insolubles et n'auraient pour résultats que de faire perdre de vue des problèmes beaucoup plus importants au lendemain de l'indépendance ». Rien de tel ne pourrait à ce point mettre en honneur le principe de l'intangibilité des frontières bien qu'il ne s'agissait jusqu'ici que d'une simple posture diplomatique non encore intégrée dans l'escarcelle du conventionnel[284].

En effet, c'est ne que plus tard que ce principe de l'intangibilité des frontières connaitra, au sommet constitutif de l'Organisation de l'Unité Africaine, une insertion remarquée dans l'ordre conventionnel sur décision des pères fondateurs de

---

[282]A.., BENMESSAOUD, « Le Sahara marocain, l'Organisation de l'Unité Africaine et le principe de l'intangibilité », in *AL ASAS, (février-mars 1989), n°9, pp. 42-45.*

[283]Sur ces différentes prises de position des Etats africains au XVème et XVIème de l'Assemblée Générale des Nation Unies sur les questions territoriales de la Mauritanie et de l'Algérie, lire A., BENMESSAOUD, *Op.Cit.*, pp. 123-145.

[284]M., MAAZOUZI, *L'Algérie et les étapes successives de l'amputation du territoire marocain,* Casablanca, Dar El Kitah, 2003, p.225.

l'organisation adjoignant les Etats membres au « respect de la souveraineté et de l'intégrité territoriale de chaque Etat et de son droit inaliénable à une existence indépendante » (§3 de l'article 3)[285]. Précisant cette disposition, le sommet de l'OUA tenu à Caire le 21 juillet 1964 déclarait que « tous les Etats membres s'engagent à respecter les frontières existant au moment où ils ont accédé à l'indépendance »[286]. Pour les Etats membres de l'organisation panafricaine, le principe de l'intangibilité des frontières s'entend donc d'une exclusion de toute idée de contestation des frontières héritées de la colonisation signifiant une obligation de respecter le statu quo territorial colonial[287].

Toutefois, il n'est pas sans intérêt de relever, comme le souligne ABDELMOUGHIT BENMESSAOUD dans son : « Intangibilité des frontières coloniales et espace étatique en Afrique », que « malgré cette primauté consacrée puis traduite dans la pratique de l'OUA et l'attachement quasi-religieux que ses Etats membres lui témoignent par son élévation au rang de règle cardinale et de norme impérative dans leur relation interétatique au-travers son insertion systématique dans des conventions bilatérales et multilatérales et la mise en index puis l'excommunication des Etats réfractaires , le principe de l'intangibilité des frontières reste peu précis et couvert d'une brume épaisse »[288]. C'est, sans doute, le rapprochement pour le moins outrancier entre le principe de l'intangibilité des frontières et deux principes voisins, celui de l'intégrité et de l'inviolabilité territoriales tant dans la pratique de l'Organisation de l'Unité Africaine que dans les relations bilatérales entre des Etats membres qui est à la base de cette incertitude sémantique du principe. A titre d'illustration, l'Algérie et la Tunisie avait pu convenir, sur fondement de

[285]Actes de la conférence constitutive de l'OUA d'Addis-Abeba, cité par A., BENMESSAOUD, *Op.Cit.*, pp. 45-52.

[286]Cfr. Résolution du 21 juillet 1964 de l'Organisation de l'Unité Africaine consacrant, à titre de précision apportée à l'article 3 §3 de la Charte, le principe de l'intangibilité des frontières.

[287]A., EL OUALI, « Le maintien des frontières coloniales (l'uti possidetis) ou le non sens juridique du principe de base de l'OUA pour le règlement des différends territoriaux », in *RMDED*, (juin-septembre 2002) n°9, pp. 95-115.

[288]A., BENMESSAOUD, *Op.Cit.*, p. 89.

l'article 2 du traité dit de fraternité et de concorde du 19 mars 1983, du maintien entre eux d'une « paix permanente basée sur le respect mutuel de l'intégrité territoriale, de l'intangibilité de leurs frontières nationales, de la souveraineté et de l'indépendance politique de chacune d'elles »[289].

Quelques années avant, cette même juxtaposition des principes avait pu s'observer dans la résolution du sommet de l'OUA tenu à Khartoum du 18 au 22 juillet 1978 dans laquelle les Etats membres de l'Organisation panafricaine considérait « que la condition indispensable pour le règlement des disputes entre les Etats africains ne peut être satisfait au mieux que par la réaffirmation des principes du respect de la souveraineté et de l'intégrité territoriale des Etats, l'inviolabilité des frontières existantes entre les Etats membres de l'OUA, la non-ingérence dans les affaires intérieures des Etats membres de même que le règlement de toutes les disputes entre eux par des voies pacifiques » [290]. D'où cette interrogation du Professeur ABDELMOUGHT BENMESSAOUD : « Comment peut-on interpréter un tel flottement, une telle litanie répétitive de principes ? ». En réponse à cette interrogation, le Professeur ABDELMOUGHT BENMESSAOUD avait cru trouver l'explication « dans le fait qu'au moment de l'adoption du §3 de l'article 3 de la Charte de l'OUA, les dirigeants africains ont préféré éviter tout encombrement des nuances juridiques, l'objectif, pour eux, étant connu, à savoir la préservation de l'assise territoriale coloniale et par là même, la stabilité politique du continent en procédant à une juxtaposition des principes pour couvrir toutes les situations conflictuelles potentielles. Autrement dit, la préservation de l'assise territoriale passerait non seulement par le respect de l'intangibilité des frontières mais aussi par d'autres principes qui lui sont souvent accolés dans une suite devenue classique (principe d'intégrité territoriale et principe d'inviolabilité territoriale) »[291]. Pour le Professeur ABDELMOUGHIT

[289]Article 2 du traité dit de fraternité et de concorde signé entre la l'Algérie et la Tunisie, cité A., BENMESSAOUD, *Op.Cit.*, p. 85.

[290]Les deux résolutions, celle adoptée le 21 juillet 1964 au sommet du Caire et celle adoptée le 25 octobre 1965 au sommet d'Accra ont été citées par le même auteur.

[291]A., BENMESSAOUD, *Op.Cit.*, p. 91.

BENMESSAOUD, « l'intérêt de cette incertitude, traduite par l'énonciation de plusieurs principes, est d'administrer la preuve qu'ils n'ont pas tous le même contenu »[292]. Aussi, De Pinho CAMPIONS, tentant d'établir des points de différence entre le principe de l'intangibilité des frontières et celui de l'intégrité territoriale, avait pu, à raison, faire remarquer que même si, les deux concepts exercent tous la fonction de la préservation de l'espace territorial étatique, ils ne mettent pas en rapport les mêmes acteurs en ce que le principe de l'intangibilité des frontières ne peut être opposé qu'à un Etat alors que celui de l'intégrité territoriale, d'extension plus large, est également opposable à une partie de la population cultivant une tendance sécessionniste excluant de fait l'application du principe du droit des peuples à disposer d'eux-mêmes à une partie de la population [293]. Ce principe de l'intégrité territoriale a été invoqué par la résolution adoptée au sommet de l'OUA tenu le 15 septembre 1968 à Alger laquelle appelait les dirigeants sécessionnistes à la coopération « avec les autorités fédérales en vue de restaurer la paix et l'unité au Nigéria »[294], tout en demandant « à tous les Etats membres de l'ONU et de l'OUA de s'abstenir de toute action susceptible de porter atteinte à l'unité, à l'intégrité territoriale et à la paix du Nigéria »[295]. Cette seconde dimension du principe de l'intégrité territoriale était mise en évidence par Boutros-Boutros Ghali lors qu'il affirmait que la résolution adoptée en 1965 à Accra sur le principe de l'intégrité territoriale doit être entendue comme « l'exclusion du recours à l'autodétermination par les minorités ethniques ou tribales qui existent dans les Etats africains membres de l'OUA »[296]. Il en ressort qu'on ne pourrait nullement, comme le soulignait le Professeur ABDELMOUGHIT BENMESSAOUD, affirmer une identité entre le principe de l'intangibilité des frontières et celui de l'intégrité territoriale en prenant pour

[292]*Idem*, p. 93.

[293]D.P., CAMPINOS, L'actualité de l'uti possidetis , colloque de Poitiers du 17 au 19 mai 2010, Paris, Pedone, 2010, p.63.

[294]La résolution du 15 septembre 1968 adoptée au sommet de l'OUA tenu à Alger a été citée par A., BENMESSAOUD, *Op.Cit.*, p. 102.

[295]F., DEBRE, *Op.Cit.*, p.36.

[296]G., BOUTROS BOUTROS, *L'organisation de l'Unité Africaine*, Paris, A. Colin, 1985, p.56-60.

argument le simple fait que la résolution de 1964 consacré au principe de l'intangibilité des frontières est venu préciser l'article 3 §3 de la Charte de l'OUA consacré à l'intégrité territoriale « Car cela reviendrait à prendre le risque d'affirmer que, par le biais de cette entreprise juridique, l'Afrique a procédé à la redéfinition du principe de l'intégrité territoriale en fonction de ses propres réalités alors que son contenu et sa signification sont plus ou moins bien établies dans la pratique internationale »[297].

Quant à la distinction entre le principe de l'inviolabilité et le principe de l'intangibilité des frontières[298], tout en mettant en exergue leur point commun consistant dans leur aptitude à assurer la préservation de l'espace étatique, De Pinho CAMPIONS note, de façon pertinente, que le principe de l'inviolabilité consiste en une interdiction faite « à tout Etat de franchir de force les frontières d'un autre Etat sans son consentement portant ainsi atteinte à sa souveraineté »[299]. « Corollaire indispensable de la plénitude de la souveraineté de l'Etat sur son propre territoire qui ne peut souffrir qu'une autre souveraineté s'y exerce », le principe de l'inviolabilité a donc pour fonction de « préserver les Etats des usurpations de souveraineté d'autres Etats ». En partant de cette acception, le Professeur ABDELMOUGHIT BENMESSAOUD avait pu conclure qu' on peut « soutenir l'idée qu'il peut arriver à un Etat de violer la frontière d'un autre sans pour autant appeler à sa remise en cause en vue d'une modification ou d'un ajustement à sa faveur même si, dans le cadre des relations Est-ouest, au plan européen, on admet que le principe de l'inviolabilité des frontières assure la même fonction que celui de l'intangibilité des frontières, contraignant ainsi les Etats

---

[297]A., BENMESSAOUD, *Op.Cit.*, p. 94.

[298]Pour le Professeur Tran Van MINH, cité par le même auteur « le principe de l'intangibilité des frontières rappelle l'uti possidetis juris en Amérique latine, encore qu'il existe entre eux certaines nuances quant à leurs motivations, à leur force juridique et à leur portée ». Aussi, en parfaite accord avec cette thèse, ABDELMOUGHIT BENMESSAOUD affirme-t-il que contrairement au principe de l'uti possidetis, le principe de l'intangibilité des frontières « n'a jamais été ou presque perçu comme moyen de preuve des possessions territoriales et qui se traduiraient par le secours à des titres juridiques. Ici, c'est l'occupation effective du moment des indépendances qui vaut titre ».

[299]D.P., CAMPINOS, *Op.Cit.*, pp. 42-43.

européens au respect du statu quo territorial conçu au lendemain du second conflit mondial et de refuser, à tout Etat, d'agir dans le sens de sa remise en cause »[300].

Au demeurant, on peut espérer avec la reprise de ce principe de l'intangibilité des frontières en peloton de tête des principes directeurs consacrés dans l'Acte constitutif de la nouvelle organisation continentale africaine, l'Union Africaine, adopté en 2002 à Lomé, qu'une clarification de la doctrine de l'UA sur la question est en perspective.

Section deuxième
PRINCIPE DE DELIMITATION BILATERALE DU PLATEAU CONTINENTAL ET PROCEDE UNILATERAL DE DELIMITATION DES ESPACES MARITIMES DE LA RDC

On se proposera d'abord d'étudier la délimitation unilatérale des espaces maritimes de la République démocratique du Congo sur sa côte Atlantique effectuée par le législateur congolais au travers la loi N°09/002 du 07 mai 2009 portant délimitation des espaces maritimes de la République démocratique du Congo (Sous-section I.), en la confrontant au principe de la délimitation bilatérale posé aux articles 74 et 83 de la Convention de Montego Bay (Sous-section II).

Ensuite, la préférence au recours aux modes juridictionnels de règlement des différends et plus particulièrement à celui judiciaire devant la Cour Internationale de Justice sera mise en avant en présentant ses garanties juridictionnelles par le recours à des cas pratiques de règlement des différends territoriaux en Afrique (Sous-section III).

---

[300] A., BENMESSAOUD, *Op.Cit.*, p. 94.

Sous-section I : Délimitation de la loi N°09/002 du 07 mai 2009 portant délimitation des espaces maritimes de la République démocratique du Congo

On tentera d'abord de revisiter le procédé unilatéral de la délimitation des frontières maritimes effectué par la République démocratique du Congo déterminant l'étendue de chaque espace conformément au droit international (§1), pour en évaluer, en suite, les incidences sur l'Accord du 30 juillet 2007 (§2).

Paragraphe I. Espaces maritimes délimités

La lecture attentive de la Convention de Montego Bay indique que les espaces maritimes sous la juridiction étatique peuvent être sériés en deux groupes distincts selon l'étendue du pouvoir reconnu à l'Etat par le droit international : les espaces sous la souveraineté étatique comprenant les eaux intérieures (A) ainsi que la mer territoriale (B) et les espaces sur lesquels la Convention de Montego Bay ne reconnaît aux Etats que « des droits souverains » de caractère purement fonctionnel comprenant la zone contigüe (C), la zone économique exclusive (D) en fin le plateau continental (D).

A. Eaux Intérieures

I. Approche définitionnelle

Contrairement à l'approche géographique voulant que la notion de « eaux intérieures » désigne les eaux enfermées ou traversant le territoire étatique terrestre (canaux, fleuves, mers fermées ect...)[301], la notion juridique de « eaux intérieures » se rapporte plutôt à celles baignant les côtes de l'Etat et situées « en-deçà » de la ligne de base de la mer territoriale (article 8,

---

[301] G., GIDEL, « Le régime des navires dans les ports étrangers », in *Revue générale de droit international public*, (juin-août 1995), n°1231, pp. 23-30.

paragraphe 1 de la Convention de Montego Bay)[302]. Aussi comprennent-elles les ports, les rades, les havres, les échancrures des côtes très découpées (fjord, rias ect…) et les baies historiques ainsi que le sol et le sous-sol de ces eaux et l'espace aérien sur-jacent.

II. Régime juridique des eaux intérieures

Le principe retenu par le droit international en ce qui est du régime juridique applicable aux eaux intérieures est celui de leur assimilation au territoire terrestre donnant plein effet à l'extension de l'exercice de la souveraineté de l'Etat sur les eaux intérieures (article 2, paragraphe 1 de la Convention de Montego Bay de 1982)[303]. La loi N°09/002 du 07 mai 2009 portant délimitation des espaces maritimes de la République démocratique du Congo qui dit se fonder, dès son préambule et en son article 1èr sur l'article 9 paragraphe 1 de la Constitution du 18 février 2006 telle que modifiée par la loi n°11/002 du 20 janvier 2011 portant modification de quelques articles de la Constitution affirmant une souveraineté permanente de la République démocratique du Congo sur ses espaces maritimes, va également dans le même sens[304]. D'où les expressions, pour les désigner, de « territoire maritime » ou de « mer nationale »[305].

Cette extension de la souveraineté étatique dans les eaux intérieures rejaillie sur les navires en fonction de leur statut des navires d'Etat affectés à un service public ou de navires d'Etat utilisés à des fins commerciales ou encore de navires

---

[302] Article 8 paragraphe 1 de la Convention de Montego Bay du 10 décembre 1982 sur le droit de la mer, in P.M., DUPUY, *Op.Cit.,* p.841.

[303] Article 2 §, 1 de la Convention de Montego Bay du 10 décembre 1982 sur le droit de la mer, in P.M., DUPUY, *Op.Cit.,* p. 838.

[304] Article 9, §1 de la Constitution de la République Démocratique du Congo du 18 février 2006 telle que modifiée par la loi n°11/002 du 20 janvier 2011 portant révision de quelques articles de la Constitution, in Journal officiel de la République Démocratique du Congo, n°spécial, 05 février 2011, p. 12.

[305] Article 1èr de la loi N°09/002 du 07 mai 2009 portant délimitation des espaces maritimes de la République Démocratique du Congo, in Journal officiel de la République Démocratique du Congo, 50ème année, n° spécial, 07 mai 2009, p. 1.

simplement privés[306]. S'agissant de la première hypothèse, celle des navires d'Etat affecté à un service public, le droit international, en conformité avec le principe de l'exclusivité de compétence de l'Etat du pavillon, met en avant la règle de l'immunité des navires affectés à un service public. Il en ressort que cette catégorie des navires ne peuvent nullement faire l'objet d'actes de contrainte telles les mesures de perquisition ou d'arrestation à l'initiative de l'Etat côtier bien qu'ils soient tenus au strict respect des lois et règlements relatifs à la navigation et aux précautions sanitaires[307]. Néanmoins, l'accès de tels navires dans les eaux intérieures d'un Etat côtier reste subordonner à une notification préalable et relève donc de la compétence discrétionnaire de l'Etat côtier (article 13 du Statut de Genève de 1923) qui dispose de la possibilité d'en décréter soit l'interdiction soit une simple limitation même si, en cas des motifs d'ordre humanitaire ou d'un navire en détresse, la liberté d'accès devient un véritable droit[308].

Quant à la seconde catégorie regroupant toute à la fois les navires d'Etat affectés à des fins commerciales et ceux privés, la règle retenue par l'article 2 du Statut de Genève de 1923 est celle de la liberté d'accès aux ports maritimes de l'Etat côtier, limitant le pouvoir de ce dernier à procéder à leur fermeture que pour des raisons sanitaires ou de maintien de l'ordre public[309]. Règle très querellée tant dans la jurisprudence internationale qu'en doctrine, ce bénéfice de la liberté d'accès en faveur tant des navires d'Etat affectés à des fins commerciales qu'à ceux privés n'a jamais acquis valeur coutumière[310].

---

[306]H., THIERRY, « Les Etats privés de littoral maritime », in *Revue de droit de la mer, (juillet-septembre 2002), n°1254, pp. 12-17.*

[307]R., LATTION, « Essai sur une théorie générale des Etats sans littoral-expérience africaine », in *Revue de droit de la mer*, (janvier-février 2002), n°4562, pp. 45-49.

[308]L., SAVADOGO, « L'accord conclu entre la Croatie et la Bosnie-Herzégovine… : La logique de réciprocité en matière de transit d'un Etat sans accès utile à la mer », in *Hérodote, (juin-septembre 2001), n°2456, pp. 23-26.*

[309]Cfr. C., PALAZOLLI, « De quelques développements récents du droit des gens en matière d'accès à la mer des pays dépourvus de littoral », in *Hérodote, (août-octobre 1994), n°1234, pp. 56-60.*

[310]La contrariété de jurisprudence observée à la lecture de certaines décisions de justice rendues par des instances internationales vient confirmer cette thèse, certaines décisions rejetant la validité du principe (voir la sentence du 1er août 1870 dans l'affaire de la fermeture du port de Buenos Aires) alors que d'autres, au contraire, s'y réfèrent (voir la sentence Aramco du 23 août 1958).

En fin, en ce qui est de la règle applicable à ces deux catégories des navires durant leur séjour dans les eaux intérieures d'un Etat côtier, le droit international penche plutôt vers le principe de la primauté de la compétence territoriale sur celle de l'Etat du pavillon[311].

B. Mer territoriale

I. Approche notionnelle

D'un point de vue définitionnel, la mer territoriale s'entend d'une zone maritime adjacente aux eaux intérieures avec une extension tant sur l'espace aérien au-dessus d'elle qu'au fond des mers et à son sous-sol[312].

S'agissant de la largeur de cette zone, par soucis de conformité à l'article 3 de la Convention de Montego Bay donnant à tout Etat le droit de fixer la largeur de sa mer territoriale tout en l'interdisant d'aller au-delà de la limite de 12 milles marins mesurés à partir des lignes de base[313], l'article 5 de la loi N°09/002 du 07 mai 2009 portant délimitation des espaces maritimes de la République démocratique du Congo dispose que la mer territoriale de la République démocratique du Congo « s'étend jusqu'à la limite extérieure fixée à 12 milles marins à partir de la ligne de base »[314].

[311]Cfr. H., THIERRY, *Op.Cit.*, pp. 45-51.
[312]A., DE LA PRADELLE, « Le droit de l'Etat sur la mer territoriale », in *Hérodote, (juin-août 2004), n°1254, pp. 24-26.*
[313]M., VOELCKEL, « Les lignes de base dans la Convention de Genève sur la mer territoriale », in *Revue générale de droit international public*, (octobre-décembre 1981), n°1254, p.45.
[314]Article 5 de la N°09/002 du 07 mai 2009 portant délimitation des espaces maritimes de la République Démocratique du Congo, in Journal officiel de la République Démocratique du Congo, 50ème année, n° spécial, 07 mai 2009, p. 2.

II. Régime juridique de la mer territoriale

Marquée par sa proximité avec les eaux intérieures, la mer territoriale est une des zones maritimes gagnées par la souveraineté de l'Etat côtier en mer[315].

Cependant, pour des raisons évidentes de facilitation de la circulation maritime, le droit international apporte un tempérament à ce principe en imposant à l'Etat côtier le droit de passage inoffensif au bénéfice des navires des Etats étrangers[316]. Tentant d'en donner un contenu, l'article 19 de la Convention de Montego Bay de 1982 retient certains actes ayant pour effet de faire perdre au passage son caractère inoffensif. Il peut s'agir d'une menace ou de l'emploi de la force, des manœuvres militaires, une pollution délibérée et grave, la pêche ou la recherche ou encore « toute activité sans rapport direct avec le passage » aux quels[317], il convient d'ajouter le fait d'ignorer l'obligation faite par l'article 20 de la Convention de Montego Bay aux sous-marins de naviguer en surface et d'arborer leur pavillon et celle faite par l'article 23 de la même Convention aux navires étrangers à propulsion nucléaire ou transportant des substances radioactives ou dangereuses de respecter les règles prévues par le droit international[318]. En dehors de ces hypothèses, l'article 24 de la Convention de Montego Bay fait obligation à l'Etat côtier de ne pas entraver le passage des navires étrangers.

C. Zone contiguë

I. Approche notionnelle

Institution remontant au XVIIIème, la zone contiguë se définie comme la zone maritime contiguë à la mer territoriale

[315]J., PAULUS, « La mer territoriale », in *Hérodote, (juillet-septembre), n°3214, p. 25.*
[316]J.M., AUBY, « Les problèmes de la mer territoriale devant la CIJ », in *Revue de droit de la mer, (février-mars 2001), n°1254, p. 32.*
[317]Article 19 de la Convention de Montego Bay du 10 décembre 1982 sur le droit de la mer, in P.M., DUPUY, *Op.Cit.*, p. 831.
[318]Articles 20 et 23 de la Convention de Montego Bay du 10 décembre 1982 sur le droit de la mer, in P.M., DUPUY, *Op.Cit.*, p. 833.

dont la fonction est, sans doute, d'atténuer le contraste entre le régime de la haute mer et celui de la mer territoriale[319].

S'agissant de sa largeur, l'article 6 de la loi N°09/002 du 07 mai 2009 portant délimitation des espaces maritimes de la République démocratique du Congo semble conforme à la largeur maximale de 24 milles marins fixée à partir des lignes de base par l'article 33, paragraphe 2 de la Convention de Montego Bay en limitant l'extension de la zone contiguë « à une distance de 12 milles marins à partir de la limite extérieure de la mer territoriale »[320].

II. Régime juridique de la zone contigüe

A l'opposé de deux zones maritimes précédentes connaissant une extension de la souveraineté de l'Etat, le droit international ne reconnait à l'Etat côtier que des compétences rigoureusement fonctionnelles de prévention ou de répression des infractions commises dans les espaces placés sous sa souveraineté (article 33 paragraphe1 de la Convention de Montego Bay)[321].

D. Zone économique exclusive

I. Approche notionnelle

D'invention africaine, la zone économique exclusive est, à bien des égards, l'expression d'un équilibre entre le régime de la liberté de navigation et celui de la reconnaissance des droits souverains de l'Etat côtier sur les ressources de cette zone[322].

S'agissant de sa largeur, l'article 57 de la Convention de Montego Bay prévoit une extension jusqu'à une distance de 200 milles marins à partir des lignes de base soit, jusqu'à 188 milles

[319]Article 33 de la Convention de Montego Bay du 10 décembre 1982 sur le droit de la mer, in P.M., DUPUY, *Op.Cit.*, p. 839.

[320]Article 6 de la loi N°09/002 du 07 mai 2009 portant délimitation des espaces maritimes de la République Démocratique du Congo, in Journal officiel de la République Démocratique du Congo, 50ème année, n° spécial, 07 mai 2009, p. 2.

[321]Article 33, §1 de la Convention de Montego Bay du 10 décembre 1982 sur le droit de la mer, in P.M., DUPUY, *Op.Cit.*, p. 839.

[322]*Idem*, p. 36.

marins pour les Etats qui ont établi une mer territoriale de 12 milles marins[323]. Reprenant la règle de la limite de 200 milles marins posée par la Convention de Montego Bay, l'article 7 de la loi N°09/002 du 07 mai 2009 portant délimitation des espaces maritimes de la République démocratique du Congo sur la côte Atlantique dispose que « la zone économique exclusive s'étend jusqu'à 200 milles marins à partir de la ligne de base »[324].

II. Régime juridique de la zone économique exclusive

Le droit international de la mer ne reconnait au bénéfice de l'Etat côtier qu'une double prérogative : des titres de juridiction et des droits souverains. La première catégorie de prérogative s'analyse en termes d'un pouvoir de réglementation et d'autorisation reconnu à l'Etat côtier[325]. En revanche, les droits souverains se rapportent aux droits, à caractère exclusif, d'exploration et d'exploitation des ressources de la zone économique exclusive reconnus au bénéfice de l'Etat côtier (article 56 de la Convention de Montego Bay).

E. Plateau continental

I. Approche définitionnelle

Correspondant, aux termes de l'article 76 paragraphe 1 de la Convention de Montego Bay du 10 décembre 1982, aux « fonds marins ainsi que leurs sous-sol au-delà de la mer territoriale sur toute l'étendue du prolongement naturel du territoire terrestre de l'Etat jusqu'au rebord externe de la marge continentale »[326], le plateau continental a souvent été à l'origine des différends entre Etats au vue de la très grande diversité des

---

[323]Article 57 de la Convention de Montego Bay du 10 décembre 1982 sur le droit de la mer, in P.M., DUPUY, *Op.Cit.*, p. 843.

[324]Article 7 de la loi N°09/002 du 07 mai 2009 portant délimitation des espaces maritimes de la République Démocratique du Congo, in Journal officiel de la République Démocratique du Congo, 50ème année, n° spécial, 07 mai 2009, p. 2.

[325]F., ORREGO, « La zone économique exclusive », in *Hérodote, (janvier-mars), n°1245, p. 45.*

[326]Article 76, §1 de la Convention de Montego Bay du 10 décembre 1982 sur le droit de la mer, in P.M., DUPUY, *Op.Cit.*, p. 847.

ressources qu'il regorge comprenant toute à la fois des ressources végétales et animales (goémon, varech, éponges, coraux, mollusques, huîtres ect...) ainsi que celles minières et énergétiques (charbon, fer, étain, pétrole, etc...)[327] .

S'agissant de sa largeur, l'article 8 de la loi N°09/002 du 07 mai 2009 portant délimitation des espaces maritimes de la République démocratique du Congo dispose que « le plateau continental s'étend jusqu'à 350 milles marins à partir de la ligne de base ou à 100 milles marins à partir de l'isobathe de 2500 mètres »[328]. Dérogation au principe de l'étendue de 200 milles marins posé au paragraphe 1 de l'article 76, cette extension du plateau continental à une largeur de 350 milles marins est assortie d'une obligation de communication des informations sur les limites du plateau continental à la Commission des limites du plateau continental des Nations Unies pour recommandations (article 76 paragraphe 8 de la Convention du 10 décembre 1982)[329]. Ainsi, la République démocratique du Congo avait procédé au dépôt, auprès de cette Commission de l'ONU, de sa requête préliminaire sur l'extension de son plateau continental au-delà de 200 milles marins avant sa date butoir qui était fixée au 13 mai 2009 même si, seule la requête définitive devra être examinée au fond. Nécessitant la récolte des données tant gravimétriques, bathymétriques, sismiques, juridiques qu'historiques, sa rédaction nécessite un budget, selon la Commission nationale d'études sur le plateau continental de la République démocratique du Congo, d'au moins 12 millions de dollars leur acquisition devant se faire auprès d'institutions détenant des licences sur leur exploitation et leur interprétation nécessitant l'expertise de grands cabinets d'experts internationaux dans le domaine[330].

---

[327]G.N., CECCATO, *L'évolution juridique de la doctrine du plateau continental*, Paris, Seuil, 2006, pp. 789-790.

[328]Article 8 de la loi N°09/002 du 07 mai 2009 portant délimitation des espaces maritimes de la République Démocratique du Congo, in Journal officiel de la République Démocratique du Congo, 50ème année, n° spécial, 07 mai 2009, p. 2.

[329]Cfr. G., SCELLE, « Plateau continental et droit international », in *Hérodote*, (juin-août 2000), n°1478, pp. 74-76.

[330]Preuve la plus évidente du coût financier exorbitant de la récolte de ces différentes données nécessaires à toute délimitation des frontières entre Etats, certains Etats, plus réalistes, ont fait le choix d'une mise en commun de leurs moyens pour faire face à ce défit d'ordre financier. A titre d'illustration, on peut citer le cas du Sénégal, de la

II. Régime juridique du plateau continental

Comme sur sa zone économique exclusive, l'Etat côtier jouit sur son plateau continental d'un droit exclusif d'exploration et d'exploitation de ses ressources naturelles331. Ce droit exclusif d'exploration et d'exploitation des ressources naturelles du plateau continental revêt un caractère inhérent en ce que « si l'Etat côtier n'explore pas le plateau continental ou n'en exploite pas les ressources naturelles, nul ne peut entreprendre de telles activités sans son consentement exprès » (article 77 paragraphe 2 de la Convention de Montego Bay du 10 décembre 1982)332. Cette exclusivité permet donc à la République démocratique du Congo d'exiger à l'Angola la restitution des bénéfices qu'il tire actuellement de l'exploitation des blocs pétroliers situés dans le plateau continental congolais333.

Toutefois, le droit international reconnait au profit des autres Etats non seulement une entière liberté de navigation tant dans les eaux sur-jacentes ainsi que le survol de leurs espaces aériens (article 78 paragraphes 1et 2 de la Convention de Montego Bay du 10 décembre 1982) mais aussi le droit de poser des câbles et des pipelines sous-marins sur le plateau continental sur pied de l'article 4 de la Convention de 1958 sur le plateau continental, sous la seule réserve des mesures restrictives que l'Etat côtier peut prendre pour des impératifs de protection de l'environnement334.

Paragraphe II. Procédé unilatéral de délimitation congolaise et l'Accord du 30 juillet 2007

La confrontation entre l'Accord du 30 juillet 2007 et la délimitation unilatérale de la République démocratique du

---

Mauritanie, de la Guinée, de la Guinée Bissau, de la Gambie et du Cap Vert qui ont mis en commun leurs efforts sous les auspices de la Norvège.

[331]G.N., CECCATO, *Op.Cit.*, p. 56.

[332]Article 77, §2 de la Convention de Montego Bay du 10 décembre 1982 sur le droit de la mer, in P.M., DUPUY, *Op.Cit.*, p. 847.

[333]*Idem*, p. 48.

[334]Article 78, §1 et 2 de la Convention de Montego Bay du 10 décembre 1982 sur le droit de la mer, in P.M., DUPUY, *Op.Cit.*, p. 847.

Congo requiert d'abord un retour sur le contexte historique de l'Accord ainsi que la détermination de sa nature juridique (A), l'effet de la délimitation unilatérale de la République démocratique du Congo sur l'Accord ne pouvant être envisagé qu'ensuite (B).

A. Contexte historique et nature juridique de l'Accord

La compréhension des contours de l'Accord du 30 juillet 2007 requiert de prendre connaissance de son contexte historique (I), pour en déterminer, par la suite, la nature juridique (II).

I. Contexte historique de l'accord

Historiquement, l'accord du 30 juillet 2007 est la résultante d'un long et laborieux processus de négociation engagée dès 1981 entre l'Angola et la République démocratique du Congo pour procéder, à l'amiable, à la délimitation des espaces maritimes entre les deux Etats. Commencées dès l'année 1981, les négociations entre la République démocratique du Congo et l'Angola n'ont abouti à un premier accord provisoire que le 21 janvier 2000[335]. Au caractère déséquilibré, ce premier accord subira une dénonciation de la part de la République démocratique du Congo défendant l'idée que l'accord ne présentait pas des « dispositions raisonnables d'une délimitation des frontières »[336]. Dans ce contexte, loin de rompre avec les contacts diplomatiques en vue d'un règlement à l'amiable de leur différend, les deux parties vont lever l'option de poursuive les discussions par un communiqué conjoint ayant sanctionné la rencontre de mai 2001 à Kinshasa[337].

Poursuivant les efforts de négociation, une délégation d'experts congolais se rendra, sur invitation du gouvernement angolais, à Luanda en mars 2003 pour procéder, à l'adresse de

[335]S., BULA-BULA, *Le nouveau droit de la mer dans le contexte économique du Zaïre*, Bruxelles, Bruyant, 1992, pp. 12-16.
[336]C., NGUYA-NDILA, *Frontières de la République Démocratique du Congo*, Paris, L'Harmattan, 2008, pp. 253-260.
[337]*Idem*, p. 78.

la partie angolaise, à la présentation du tracé des frontières maritimes de la République démocratique du Congo. Cette proposition subira une fin de non recevoir de l'Angola ayant désormais des préférences pour des arrangements provisoires conformément aux articles 74 et 83 de la Convention des Nations Unies sur le droit de la mer. C'est cette nouvelle posture diplomatique de l'Angola qui va prévaloir puisque quelques semaines plus tard, en juin 2003, un mémorandum d'entente sera signé entre les deux parties pour assurer une exploitation commune des hydrocarbures dans l'offshore profond du bassin inférieur du Congo, en attendant un règlement définitif du différend sur la délimitation de la frontière maritime opposant les deux Etats[338].

Toutefois, ce mémorandum d'entente ne connaitra pas un moindre début de mise en œuvre parce que, dès septembre 2005, la République démocratique du Congo exigera la renégociation des termes de cet accord imposant ainsi une poursuite des négociations qui ont abouti à la signature de l'accord du 30 juillet 2007 portant création d'une zone d'intérêt commun entre la République démocratique du Congo et l'Angola.

II. Nature juridique de l'Accord

L'accord du 30 juillet 2007 signé entre l'Angola et la RDC stipule à son article 1èr : « Il est créée une zone d'intérêt commun, en sigle (ZIC), entre la République démocratique du Congo et ... la République d'Angola. La ZIC est située dans la région maritime comprise entre le Nord du bloc 1, le sud du bloc 14, le Nord du bloc 15 et le Nord du bloc 35 des concessions pétrolières angolaises telle que définies en annexe au présent Protocole d'accord. Les parties envisagent également la création d'une ou plusieurs autres zones d'intérêt commun dans l'espace maritime »[339]. Nonobstant la non-référence, dans

[338]S., MBOMBO, *Le plateau continental et la gestion de ressources pétrolières. Cas de la République Démocratique du Congo et de l'Angola.* Mémoire de licence en droit public présenté à l'Université de Kinshasa. Kinshasa, 2007-2008, p. 33.

[339]Article 1èr du Protocole d'accord de Luanda du 30 juillet 2007 portant création d'une zone d'intérêt commun entre la République Démocratique du Congo et l'Angola. [En

cet article ou même dans le préambule ou encore dans une quelconque disposition du traité, cet accord trouve fondement dans les articles 74 et 83, qui règlent respectivement la délimitation de la zone économique exclusive et du plateau continental et prévoyant, en termes identiques, en leur paragraphe 3 qu' « en attendant la conclusion de l'accord visé au paragraphe 1, les Etats concernés, dans un esprit de compréhension et de coopération, font tout leur possible pour conclure des arrangements provisoires de caractère pratique et pour ne pas compromettre ou entraver pendant cette période de transition la conclusion de l'accord définitif. Les arrangements provisoires sont sans préjudice de la délimitation finale »[340] .

De ce qui précède, cet accord n'a, d'un point de vue juridique, que valeur d'une simple entente plutôt provisoire, conservatoire des droits de deux parties en attente d'un accord définitif portant sur la délimitation de leurs frontières maritimes[341]. En conséquence, l'usage de l'expression « concessions angolaises » parait inapproprié. L'on ne peut parler, comme le suggère le Professeur BULA-BULA Sayeman, que des « gisements d'hydrocarbures actuellement en exploitation par l'Angola », l'accord n'ayant pour effet d'attribuer une quelconque zone à l'un ou l'autre Etat[342].

B. Effet de la délimitation unilatérale de la RDC sur l'Accord du 30 juillet 2007

La délimitation par la République démocratique du Congo de ses espaces maritimes sur sa côte Atlantique au travers la loi N°09/002 du 07 mai 2009 portant délimitation des espaces maritimes de la République démocratique du Congo a

---

ligne].http://www.congotribune.com/deps/caps/pétrole-01472-html (Page consulté le 21 mars 2014).

[340]Articles 74 et 83, paragraphe 3 de la Convention des Nations Unies sur le droit de la mer, in P.M., DUPUY, *Op.Cit.*, p. 859.

[341]Il est à noter que, sur le continent africain, d'autres Etats, en attente d'un règlement définitif de leurs différends de délimitation des frontières, ont également fait le choix de la création de ce type de zone. Ainsi, existe-t-il une zone d'intérêt commun entre le Sénégal et la Guinée-Bissau et entre le Nigéria et Sao Tomé-et-Principe.

[342]S., BULA-BULA, « La question de la délimitation maritime entre la RDC et l'Angola », [En ligne]. http://www.un.org/deps/los/legislations (Page consulté le 25 mars 2014).

pour conséquence logique de rendre caduque l'accord bilatéral de 2007 avec l'Angola relatif à la création d'une zone d'intérêt commun en ce qu'elle inclut également l'espace constituant la zone d'intérêt commun crée par l'Accord de 2007. Au déséquilibre frappant, ce dernier n'était qu'un support conventionnel apporté à la délimitation unilatérale angolaise dont la conséquence était d'asphyxier, d'enclaver la République démocratique du Congo[343].

En effet, l'article 1 de l'Accord situe la Zone d'intérêt commun à l'intérieure « des concessions pétrolières angolaises »[344]. Partant de cette stipulation de l'Accord, à l'évidence contraire à l'esprit des articles 74 et 83 de la Convention de Montego Bay précités, l'Angola exigeait que le régime juridique applicable à la zone d'intérêt commun se conforme à la législation angolaise[345]. De surcroit, pour l'Angola, la zone d'intérêt commun comporte deux parties :

- La première comprend les champs pétroliers de N-GAGE et de MENONGWE à l'ouest. S'agissant du champ pétrolier du N-GAGE, il convient d'indiquer que les grandes multinationales d'exploitation pétrolière y détiennent des droits sur base des contrats de partage de production signés avec l'Angola lesquels peuvent connaitre la répartition suivante :

[343]M., KAMGA, *Délimitation maritime*, Paris, L'Harmattan, 2009, pp. 213-220.

[344]Article 1er du Protocole d'accord de Luanda du 30 juillet 2007 portant création d'une zone d'intérêt commun entre la République Démocratique du Congo et l'Angola. [En ligne]. http://www.congotribune.com/deps/caps/pétrole (Page consulté le 21 mars 2014).

[345]J., CIHUNDA et alii, *Etat des lieux sur les propositions de la société civile à la proposition de loi portant régime générale des hydrocarbures*, Kinshasa, éditions CEPAS, 2014, pp. 1-10.

Répartition des parts de l'exploitation du champ de N-GAGE	
Sociétés pétrolières exploitantes	Part de chaque société
CHEVRON	31%
SONANGOL	20%
ENI	20 %
TOTAL	20 %
GALP	9 %

Source : Ministère des hydrocarbures de la République démocratique du Congo.

Du point de vue angolais, seuls les 20 % de part réservés à la SONANGOL, société de droit angolais d'exploitation pétrolière, peuvent faire l'objet de la répartition, à parts égales (50% -50%), prévue par l'Accord du 30 juillet 2007 relatif à la création d'une zone d'intérêt commun entre la République démocratique et l'Angola. Au titre de justification à cette position, l'Angola explique alors éviter que l'Accord n'énerve sa législation en matière des hydrocarbures et ne porte atteinte aux droits légalement octroyés aux tiers.

Quant au champ de MENONGWE, ses réserves seraient estimées à plus de 300 millions de barils[346].

- La deuxième, ne représentant vraiment pas un grand enjeu en termes des réserves disponibles, reste à ce jour non exploité. Paradoxalement, c'est la seule partie de la zone d'intérêt commun qui, selon l'Angola, est concernée dans son entièreté par

[346]Southern Africa Resource Watch, Pétrole de la République Démocratique du Congo. Rapport de l'Observatoire de Ressource pour l'Afrique Australe, Kinshasa, novembre 2010.

l'Accord du 30 juillet 2007[347]. La République démocratique du Congo ne dispose que du droit d'y conclure, conformément à la législation angolaise, des contrats de service avec des tiers opérateurs en lieu et place des contrats de partage de production[348].

De ce qui précède, on peut conclure que l'Accord du 30 juillet 2007 ne s'inscrit pas véritablement dans une dynamique de règlement du différend des frontières maritimes entre la République démocratique du Congo et l'Angola en ce qu'elle ne garantie à la République démocratique du Congo qu'un droit limité sur la ZIC tout en accordant la part du lion à son voisin[349].

Sous-section II : CONVENTION DES NATIONS UNIES SUR LE DROIT DE LA MER ET CONSECRATION DU PRINCIPE DE LA DELIMITATION BILATATERALE DU PLATEAU CONTINENTAL

Pour mieux comprendre la signification du principe de la délimitation bilatérale du plateau continental, il importe d'en déterminer d'abord le contenu (§1). Cette détermination du contenu de ce principe est la clé pour comprendre le pourquoi

[347]Cfr. Commission Nationale d'Etudes sur le Plateau Continental de la République Démocratique du Congo, Information préliminaire à la Commission des limites du plateau continental conformément à l'article 76 paragraphe 8 de la Convention des Nations Unies sur le droit de la mer, 1982, concernant la région du Golfe de Guinée. Requête de la République Démocratique du Congo sur l'extension de son plateau continental à plus de 200 milles marins, 25 janvier 2013. [En ligne]. http://www.un.org/deps/los/legislations (Page consulté le 25 mars 2014).

[348]Selon le rapport de l'Observatoire de Ressource pour l'Afrique Australe (Southern Africa Resource Watch) publié en novembre 2010 sous le titre de « Pétrole de la République Démocratique du Congo », les blocs pétroliers 0, 1, 2, 15, 16, 31, 32 et l'ultra Deep bloc sont en grande partie sur l'espace maritime de la RDC. Paradoxalement, ces blocs sont sous exploitation angolaise, les trois derniers soit les blocs 31, 32 et l'ultra Deep bloc ayant même rapporté à l'Angola, un bonus de négociation de 3.000.000.000 USD.

[349]J. BAFALA ITUMBALA, *L'industrie pétrolière en R.D.C. : Des réseaux d'intérêts croisés pour le profit d'aujourd'hui ou de demain*, 2ème éd., Kinshasa, PUK, 2010, pp. 96-101.

du choix de la négociation bilatérale effectué par la République démocratique du Congo et l'Angola pour le règlement du différend de délimitation de leurs espaces maritimes respectifs (§2).

Paragraphe I. Contenu du principe et esquisse théorique d'un tracé équitable

Dérogeant à la règle générale voulant que chaque Etat dispose d'un pouvoir unilatéral de délimitation de son plateau continental, sous la seule réserve de l'intervention de la Commission des limites du plateau continental des Nations Unies et d'une obligation d'assurer la publicité de sa décision (article 84 de la Convention des Nations Unies sur le droit de la mer)[350], la délimitation maritime des Etats dont les côtes sont adjacentes ou se font face doit, pour sa validité, se conformer aux termes de l'article 83 paragraphe 1 et 2 qui dispose que : « La délimitation du plateau continental entre Etats dont les côtes sont adjacentes ou se font face est effectuée par voie d'accord conformément au droit international tel qu'il est visé à l'article 38 du Statut de la Cour Internationale de Justice, afin d'aboutir à une solution équitable. S'ils ne parviennent pas à un accord dans un délai raisonnable, les Etats concernés ont recours aux procédures prévues à la partie XV »[351]. Ce principe de la délimitation concertée a été salué par la jurisprudence internationale. Aussi, la Cour Internationale de Justice, dans son arrêt dans l'affaire de la délimitation de la frontière maritime dans la région du golfe du Maine, excluait toute possibilité qu'une « délimitation maritime entre Etats dont les côtes sont adjacentes ou se font face » soit « effectuée unilatéralement par l'un de ces Etats ». La Cour poursuivait que « cette délimitation doit être recherchée et réalisée au moyen d'un accord faisant suite à une négociation menée de bonne foi et dans l'intention réelle d'aboutir à un résultat positif. Au cas où, néanmoins, un tel accord ne serait pas réalisable, la délimitation doit être

[350]Article 84 de la Convention des Nations Unies sur le droit de la mer, in P.M., DUPUY, *Op.Cit.*, p. 859.

[351]Article 83 paragraphes 1 et 2 de la Convention des Nations Unies sur le droit de la mer, in P.M., DUPUY, *Op.Cit.*, p. 859.

effectuée en recourant à une instance tierce dotée de la compétence nécessaire pour ce faire »[352].

Pour l'histoire, il est à remarquer que l'article 6 de la Convention de Genève, dans l'éventualité du désaccord entre parties à un différend, décidait de l'application, sauf circonstances spéciales, de la règle de la ligne médiane dans le cas d'un plateau continental adjacent à deux ou plusieurs Etats dont les côtes se font face et celle de l'équidistance des points les plus proches des lignes de base dans le cas d'un plateau adjacent aux territoires de deux Etats limitrophes[353].

Toutefois, cette règle « équidistance-circonstances spéciales » n'a pas vraiment reçu les faveurs d'une jurisprudence internationale plutôt attachée à l'application des principes équitables. C'est dans ce sens que s'oriente l'arrêt du 20 février 1969 relatif au plateau continental de la mer du Nord rendu par la Cour Internationale de Justice, dans laquelle la Cour estimait que la délimitation devrait s'opérer « par voie d'accord conformément à des principes équitables et, compte tenu de toutes les circonstances pertinentes, de manière à attribuer, dans toute la mesure du possible, à chaque partie la totalité des zones du plateau continental qui constituent le prolongement naturel de son territoire sous la mer et n'empiètent pas sur le prolongement naturel du territoire de l'autre »[354].

Peu après, cette option jurisprudentielle sera confirmée par une double décision importante. D'abord, la sentence arbitrale du 30 juin 1977 rendu par le Tribunal arbitral constitué dans l'affaire du plateau continental de la mer d'Iroise qui réduisait la règle « équidistance-circonstances spéciales » à sa plus simple expression « d'une norme générale suivant laquelle la limite (...) doit être déterminée selon des principes

---

[352]CIJ, arrêt du 12 octobre 1984, affaire de la délimitation de la frontière maritime entre le Canada et les Etats Unis dans la région du golfe du Maine, série A/B/, n°99, p. 254.

[353]G., APOLLIS, *Les frontières maritimes en droit international*, Paris, Montchrestien, 1994, p. 569.

[354]CIJ, arrêt du 20 février 1969, affaire relatif au plateau continental de la mer du Nord entre la République fédérale d'Allemagne, le Danemark et les Pays-Bas, série B/C, n°95, p235.

équitables » puis[355], celle plus surprenante encore, l'arrêt de la CIJ du 12 octobre 1984 relatif à la délimitation de la frontière maritime dans la région du golfe du Maine qui limitait considérablement le caractère contraignant de cette règle « équidistance-circonstances spéciales » en ce qu'il procédait au tracé d'une frontière maritime unique en faisant prévaloir le principe de la délimitation équitable sur celui de l'équidistance alors que la Convention de Genève fût en vigueur entre les parties au procès, les Etats-Unis et le Canada[356].

Au vue de ce précédent jurisprudentiel plutôt défavorable à la règle « équidistance-circonstances spéciales » en droit de la délimitation du plateau continental entre Etats dont les côtes sont adjacentes ou se font face, les rédacteurs de la Convention de Montego Bay de 1982 porte leur préférence sur la recherche d'une solution équitable[357]. L'on peut en déduire, à la suite de PATRICK DAILLIER et ALAIN PELLET, que le droit international n'impose plus aucune règle particulière aux Etats, « l'unique qualité juridiquement exigée des principes et règles applicables à la délimitation du plateau continental » étant « donc leur aptitude à produire des résultats équitables »[358]. Contrairement au principe « équidistance-circonstances spéciales » précédent, la règle de l'application des principes équitables a été accueillie avec un certain enthousiasme. Déjà le 24 février 1982, la CIJ, dans son arrêt rendu dans l'affaire du plateau continental entre la Tunisie et la Libye affirmait sans réserve que « c'est (...) le résultat qui importe, les principes sont subordonnés à l'objectif à atteindre. L'équité d'un principe doit être appréciée d'après l'utilité qu'il présente pour aboutir à un résultat équitable. Tous les principes ne sont pas en soi équitables ; c'est l'équité de la solution qui leur confère cette qualité »[359]. Confirmant cette jurisprudence antérieure, la Cour Internationale de Justice, dans son arrêt du 3 juin 1985 relatif au

---

[355]Tribunal arbitral, sentence du 30 juin 1977, affaire du plateau continental de la mer d'Iroise, RSA, vol. XXV, p. 125.
[356]CIJ, arrêt du 12 octobre 1984, affaire de la délimitation de la frontière maritime entre le Canada et les Etats Unis dans la région du golfe du Maine, série A/B/, n°99, p. 254.
[357]Cfr. P., DALLIER et A., PELLET, *Op.Cit.*, p. 1186.
[358]*Idem*, pp. 1189-1191.
[359]CIJ, arrêt du 24 février 1982, affaire du plateau continental entre la Tunisie et la Lybie, série A/B, n°85, p. 231.

plateau continental entre la Libye et Malte, estimait que « la Convention (de Montego Bay) fixe le but à atteindre, mais elle est muette sur la méthode à suivre pour y parvenir. Elle se borne à énoncer une norme et laisse aux Etats ou au juge le soin de lui donner un contenu précis »[360].

Dans le cas du différend entre la République démocratique du Congo et l'Angola, Etats aux côtes adjacentes et se faisant face, le recours à la règle de l'équidistance pour la délimitation des frontières maritimes aboutirait à des conséquences tout à fait fâcheuses[361].

En effet, les deux Etats ont, du point de vue du droit international maritime, de statuts différents. L'Angola répond aux critères d'un Etat côtier alors que, la République démocratique du Congo, tout en répondant aux critères d'un Etat côtier, appartient à une sous-catégorie particulière : l'Etat géographiquement désavantagé[362]. Ce statut d'Etat géographiquement désavantagé est la traduction la plus parfaite de sa configuration littorale particulière liée à l'infortune de l'histoire de la délimitation coloniale de ses frontières opportunément rappelée dans les pages précédentes de cette étude[363]. L'application arithmétique du principe d'équidistance pour la délimitation des frontières maritimes entre la République démocratique du Congo et l'Angola consisterait à « procéder au tracé de deux lignes équidistantes au niveau de Cabinda au nord d'un côté et au niveau de Soyo ou de l'embouchure au sud de l'autre côté avec pour conséquence d'infliger à la République démocratique du Congo un espace maritime de quelques centaines de mille marins carrés faisant d'elle, au sens du droit international maritime, un Etat enclavé »[364]. Ce qui heurterait gravement la Convention de Montego Bay sur le droit de la mer d'un double point de vue :

---

[360]CIJ, arrêt du 3 juin 1985, affaire du plateau continental entre la Lybie et Malte, série, A/B, n° 90, p. 206.
[361]S., BULA-BULA, *Op.Cit.*, p. 8.
[362]C., NGUYA-NDILA, *Op.Cit.*, pp. 214-220.
[363]P., DALLIER et A., PELLET, *Op.Cit.*, p. 1181.
[364]S., BULA-BULA, *Op.Cit.*, p. 9.

- D'une part, le principe juridique consacré par la Convention des Nations Unies sur le droit de la mer voulant que tout Etat côtier puisse avoir pleine accès à la mer lui permettant une utilisation de ses eaux intérieures (port notamment) comme point de départ pour ses activités maritimes et point d'arrivée pour les activités maritimes des autres puissances navigantes qu'il s'agisse d'une navigation militaire ou simplement marchande se trouverait complètement ignorer dans l'hypothèse d'un enclavement du territoire congolais[365]. De même, privée de toute ouverture à la mer, la République démocratique du Congo se trouverait dans une situation d'impossibilité de jouissance de son droit à l'exploitation de la zone, patrimoine commun de l'humanité[366]. Qui plus est, pour compenser les inconvénients résultant pour un Etat côtier de l'absence du plateau continental au sens géographique du mot, le droit international va jusqu'à admettre l'idée d'un plateau continental juridique reconnaissant ainsi, à tout Etat côtier, le droit de disposer d'un plateau continental. D'où « l'impossibilité, d'un point de vue du droit de la mer, d'enfermer la quarantaine du littoral de la République démocratique du Congo dans une espèce de camisole »[367].
- D'autre part, même si le droit international exclu toute éventualité de réfection de la nature, il admet, en droit fortement imprégné de l'esprit de justice et d'équité, les rectifications des iniquités de l'histoire dans les relations internationales[368]. Or, comme nous l'avons précédemment indiqué, la République démocratique du Congo compte parmi les Etats géographiquement désavantagés s'entendant, selon le prescrit de l'article

---

[365]C., PALAZOLLI, « De quelques développements récents du droit des gens en matière d'accès à la mer des pays dépourvus de littoral », in *Revue de droit international public*, (janvier-mars 2009), n°4578, pp. 32-35.

[366]J. REVERDIN, « Le régime juridique des grands fonds marins », in *Revue de droit de la mer, (mars-mai 2005), n°1478, pp. 45-49.*

[367]M.., KAMGA, *Op.Cit.*, p. 232.

[368]Cfr. P., DALLIER et A., PELLET, *Op.Cit.*, p. 1196.

70 paragraphe 2 de la Convention des Nations Unies sur le droit de la mer de 1982 des « Etats côtiers...que leur situation géographique rend tributaires de l'exploitation des ressources biologiques des zones économiques exclusives d'autres Etats de la sous-région... pour un approvisionnement suffisant en poisson destiné à l'alimentation de leur population ou d'une partie de leur population, ainsi que des Etats côtiers qui ne peuvent prétendre à une zone économique exclusive propre »[369]. Autant rappeler d'ailleurs ici que pendant les différents rounds des négociations ayant abouti ,le 10 décembre 1982, à l'adoption de la Convention des Nations Unies sur le droit de la mer, la République démocratique du Congo a revendiqué et obtenu ce statut d'Etat géographiquement désavantagé[370]. Par la suite, au plan régional, dans le cadre du Comité régional de pêche du golfe de Guinée, les autres Etats de cette région vont également lui reconnaitre ce statut. Il en va tout autrement de l'Angola, un Etat côtier, qui n'a jamais d'ailleurs formulé une demande de telle nature[371].

De ce qui précède, la délimitation du plateau continental entre la République démocratique du Congo et l'Angola doit se soumettre à des principes équitables pour une conformité à l'obligation conventionnelle liant les deux Etats en tant que parties à la Convention de Montego Bay de 1982 pour aboutir à une solution équitable (article 83 paragraphe 1 et 2)[372]. Aussi doit-elle prendre en ligne de compte les facteurs suivants : la superficie de l'un et l'autre Etat, quelle que soit la longueur de sa côte, les intérêts économiques respectifs, la direction générale de la côte, la relation entre côtes des Etats en cause, la démographie respective des parties en présence, la façade maritime de l'une et l'autre, la configuration des côtes

[369]Article 70 paragraphe 2 de la Convention des Nations Unies sur le droit de la mer, in P.M., DUPUY, *Op.Cit.*, p. 851.
[370]S., BULA-BULA, *Op.Cit.*, p. 11.
[371]*Idem*, p. 12.
[372]Article 83 paragraphes 1 et 2 de la Convention des Nations Unies sur le droit de la mer, in P.M., DUPUY, *Op.Cit.*, p. 859.

respectives, la diminution des risques de conflits, les indices révélées par la conduite des parties et le principe de proximité (règle suivant laquelle la terre domine la mer)[373]. Cette répudiation catégorique, en droit de la mer, d'une application arithmétique du principe d'équidistance a pour conséquence de rendre non pertinente toute attribution territoriale excessive, au large de l'embouchure du Congo et de la côte de la République démocratique du Congo, au profit l'Angola, Etat côtier disposant d'un littoral de plus de 2000 km alors que la République démocratique du Congo ne dispose que d'une quarantaine de km de littoral[374].

Paragraphe II. Recours par les protagonistes à la négociation bilatérale

Le recours à la négociation bilatérale par les protagonistes est lié au principe de l'obligation à négocier qu'impose le droit international aux Etats en cas de différend. Cette obligation, comme d'ailleurs toute obligation juridique, pose d'abord la question de son fondement (A), celle de son adaptation au cas d'espèce ne pouvant qu'être envisagée en suite (B).

A. fondement de l'obligation à négocier

Option imposée par le droit international aux Etats comme préalable à la possibilité leur offerte d'effectuer un choix entre une gamme assez variée des modes de règlement pacifiques des différends, la négociation ne revêtait, au départ, qu'un caractère coutumier jusqu'à son insertion dans l'ordre juridique conventionnel par l'article 2, §3 de la Charte des Nations Unies[375]. Avant même cette élévation particulièrement solennelle au rang de principe intégré dans l'ordre conventionnel, le caractère préalable de la négociation était déjà affirmé avec force par la Cour Permanente de Justice

---

[373]G., LABRECQUE, *Les frontières maritimes internationales : Géopolitique de la délimitation en mer*, Paris, L'Harmattan, 2010, pp. 241-245

[374]C., NGUYA-NDILA, *Op.Cit.*, pp. 245-248.

[375]P.M., DUPUY, *Op.Cit.*, p. 456.

Internationale, dans son arrêt rendu le 19 août 1929 dans l'affaire des zones franches ayant opposé la France à la Suisse en décidant que le règlement judiciaire « n'est qu'un succédané au règlement direct et amiable de ces conflits entre parties »[376]. Autant dire que, comme les notent Alain Pellet et Patrick Daillier dans leur « Droit international public » qu'ils affirment avoir rédigé dans le souvenir de leur regretté maître, NGUYEN QUOC Dinh nourrissant ainsi le noble espoir de « contribuer à éviter que meure le grain qu'il a semé », « l'obligation de négocier s'impose d'abord en soi dès que deux sujets de droit international sont en litige, parce qu'elle constitue le minimum de ce qui est attendu d'eux pour régler pacifiquement tout différend. A ce titre, la négociation directe entre Etats en conflit constitue la technique de droit commun : Elle trouve à s'appliquer en toutes circonstances, même sans texte »[377]. C'est donc l'échec de ce procédé bilatéral de règlement des différends entre différents protagonistes qui ouvre la possibilité du choix parmi une kyrielle d'autres procédés pacifiques de règlement des différends entre Etats institués par la Charte des Nations Unies telle qu'il ressort du libellé de son article 33, paragraphe 1 : «Les parties à tout différend dont la prolongation est susceptible de menacer le maintien de la paix et de la sécurité internationales, doivent en rechercher la solution, avant tout, par voie de négociation, d'enquête, de médiation, de conciliation, d'arbitrage, de règlement judiciaire, de recours aux organismes ou accords régionaux, ou par d'autres moyens pacifiques de leur choix »[378].

La Convention des Nations Unies sur le droit de la mer, tout en faisant référence aux dispositions pertinentes de la Charte des Nations Unies portant fixation des principes applicables pour assurer un règlement pacifique des différends entre Etats (articles 2, paragraphe 3 et 33,paragraphe 1) en indiquant à son article 279 que « les Etats parties règlent tout différend surgissant entre eux à propos de l'interprétation ou de

---

[376]CIJ, arrêt du 19 août 1929 dans l'affaire des zones franches opposant la France à la Suisse, série A/B, n°89, p. 251.

[377]P., DALLIER et A., PELLET, *Op.Cit.*, p. 1191.

[378]Article 33 paragraphe 1 de la Charte des Nations Unies, in Journal officiel de la République Démocratique du Congo, 42ème, n° spécial, mai 2001, p. 23.

l'application de la Convention par des moyens pacifiques conformément à l'article 2, paragraphe 3 de la Charte des Nations Unies et, à cette fin, doivent en rechercher la solution par des moyens indiqués à l'article 33, paragraphe 1, de la Charte »[379], retient également cette règle en imposant aux parties à un différend de ne recourir à d'autres procédés de règlement des différends qu'à l'échec préalable d'une tentative d'aboutir à un accord entre parties. C'est, en tout cas, ce qui peut ressortir d'une lecture attentive de l'article 84 de la Convention des Nations Unies sur le droit de la mer précité[380]. En conséquence, le contenu sémantique que les rédacteurs de la Convention des Nations Unies sur le droit de la mer donne de l'obligation de négocier est de n'être qu'un niveau minimal dans le processus de règlement pacifique des différends s'entendant d'une obligation faite aux parties à un différend de recourir préalablement à la négociation bilatérale au travers des contacts directs tout en affichant des attitudes constructives permettant raisonnablement d'envisager l'aboutissement d'un accord entre parties[381]. La Cour Permanente de Justice Internationale, dans son arrêt du 15 octobre 1931 dans l'affaire du Trafic ferroviaire entre la Lituanie et la Pologne, abordait déjà dans le même sens en affirmant que l'obligation de négocier ne peut se limiter au simple fait « d'entamer des négociations, mais encore de les poursuivre autant que possible en vue d'arriver à des accords » sous-entend de fait qu'en cas d'échec de parvenir à un compromis jugé acceptable pour toutes les parties au différend, la possibilité ouverte de recourir à d'autres procédés de règlement pacifique des différends[382] . Dans la droite ligne de sa devancière, la Cour Internationale de Justice, dans son arrêt du 20 février 1969 dans l'affaire du plateau continental de la mer du Nord, ne donnait qu'une portée limitée à cette règle de l'obligation de négocier en affirmant

[379]Article 279 de la Convention des Nations Unies sur le droit de la mer de 1982, in P.M., DUPUY, *Op.Cit.,* p.50.
[380]Article 84 de la Convention des Nations Unies sur le droit de mer de1982, in P.M., DUPUY, *Op.Cit.,* p. 40.
[381]J., COMBACAU et S., SUR, *Droit international public,* 6ème éd., Paris, Montchrestien, 2006, p. 468.
[382]CPJI, arrêt du 15 octobre 1931, affaire du Trafic ferroviaire entre la Lituanie et la Pologne, série A/B, n°56, p. 203.

simplement que « les parties ont l'obligation de se comporter de telle manière que la négociation ait un sens, ce qui n'est pas le cas lorsque l'une d'entre elles insiste sur sa propre position sans envisager aucune modification ; les parties sont tenues d'agir de telle sorte que, dans l'espèce et compte tenu de toutes les circonstances, des principes équitables soient appliqués... »[383].

Au plan de la doctrine, le caractère préalable de la négociation excluant donc toute obligation de parvenir à une solution concertée entre parties est également affirmé. Ainsi, Serge Sur et Jean COMBACAU se proposent-ils de parler en termes d'une formule signifiant que « les deux parties doivent se comporter d'une façon qui rende l'éventualité de l'accord raisonnable, et nullement qu'elles soient tenues d'accepter des termes de règlement qu'elles jugeraient contraires à leurs intérêts »[384].

De ce qui précède, rien ne peut s'opposer véritablement au recours, dans le cadre du différend opposant la République démocratique du Congo à l'Angola sur la délimitation de leurs frontières maritimes, à des mécanismes juridictionnels de résolution des différends assortis des décisions à effet obligatoire pour toutes les parties.

En effet, comme opportunément indiquer dans la partie introductive de cette étude, les deux parties à ce différend de délimitation des espaces maritimes ont fait jusqu'ici, conformément à l'article 84 de la Convention des Nations Unies sur le droit de la mer qui consacre le principe coutumier de l'obligation préalable de négocier entre parties à un différend[385], recours à la négociation bilatérale aboutissant même à un accord provisoire portant sur la création d'une zone d'intérêt

---

[383]CIJ, arrêt du 20 février 1969, affaire du plateau continental de la mer du Nord entre la République fédérale d'Allemagne, le Danemark et le Pays-Bas, série A/B, n°87, p. 211.

[384]Dans certains cas, soutiennent les mêmes auteurs, l'obligation de parvenir à un accord peut trouver un fondement conventionnel, au quel cas, on parle de « négociation à caractère bloquée ». Les deux auteurs ont cru trouver dans des traités de dévolution accablant souvent le futur Etat successeur de l'obligation de respecter les traités aux quels son prédécesseur est partie l'exemple type des traités pouvant servir de base juridique à l'obligation de parvenir à un accord négocié.

[385]Article 84 de la Convention des Nations Unies sur le droit de mer de1982, in P.M., DUPUY, *Op.Cit.*, p.821.

commun (ZIC) par la signature puis la ratification du Protocole d'accord de Luanda du 30 juillet 2007 mais qui, comme je l'ai indiqué précédemment, revêt un caractère pour le moins léonin traduisant parfaitement le déséquilibre des rapports de force entre les deux protagonistes[386]. Dans ce contexte, le recours par la République démocratique du Congo au procédé judiciaire marquerait alors l'échec de la négociation engagée avec l'Angola et donc la réalisation de la conditionnalité de l'article 84, paragraphe 2. Ce recours serait du reste la stricte application de l'article 286 de la Convention du 10 décembre 1982 sur le droit de la mer prévoyant que « … tout différend relatif à l'interprétation ou à l'application de la Convention qui n'a pas été réglé par l'application de la section 1 est soumis, à la demande d'une partie au différend, à la cour ou au tribunal ayant compétence en vertu de la présente section »[387].

Par ailleurs, une abondante jurisprudence de la Cour Internationale de Justice tend à affirmer que la preuve d'un échec de la procédure de négociation ne constitue pas une condition sine qua non de la recevabilité d'une requête en vue d'un règlement judiciaire d'un différend opposant les Etats, à moins qu'il ne s'agisse d'un engagement conventionnel entre parties au différend, auquel cas, le principe pacta sunt servanda sera de strict application[388]. Aussi, la Cour Internationale de Justice a-t-elle jugé qu'elle pouvait recevoir des requêtes dans plusieurs affaires telles l'affaire du plateau continental de la mer Egée[389], l'affaire des activités militaires et paramilitaires au Nicaragua ayant opposé les Etats-Unis au Nicaragua et celle de la délimitation des frontières terrestre et maritime entre le Cameroun et le Nigéria alors que des négociations engagées entre parties pour aboutir à un règlement amiable se poursuivaient toujours[390].

---

[386]S., BULA-BULA, *Op.Cit.*, p. 11.

[387]Article 286 de la Convention des Nations Unies sur le droit de mer de1982, in P.M., DUPUY, *Op.Cit.*, p.865.

[388]CIJ, ordonnance du 11 septembre 1976, affaire du plateau continental de la mer Egée, série A/B, n°85, p. 102.

[389]CIJ, arrêt 12 octobre 1884, affaire des activités militaires et paramilitaires au Nicaragua entre les Etats Unis et le Nicaragua, série A/B, n°89, p. 245.

[390]CIJ, arrêt du 11 octobre 2002, affaire de délimitation des frontières terrestre et maritime entre le Cameroun et le Nigéria, série B/C, n°86, p. 134.

Au demeurant, aucune objection pertinente se fondant sur la nécessité de recourir au préalable à la négociation ne pourrait donc être opposée à la République démocratique du Congo dans l'hypothèse où, comme l'exige le souci d'aboutir à un accord équitable avec l'Angola, il optait pour une procédure devant une instance juridictionnelle internationale.

B. Déséquilibre des rapports de force et jeu faussé de la négociation bilatérale

Conçue comme choix délibéré ou forcé des protagonistes de s'affronter sur un terrain pacifique, la négociation reste fondamentalement un procédé de règlement de différend dont l'issue reste conditionnée, en termes de gain pour chacune des parties, par le rapport de force[391].

La négociation engagée entre la République démocratique du Congo et l'Angola pour la délimitation bilatérale de leurs frontières maritimes met en présence deux Etats aux rapports de force déséquilibrés, traduction parfaite de la prédominance du second dans leur coopération bilatérale[392]. Plus développée en matière de défense et de sécurité, cette coopération fait apparaitre l'Angola comme une pièce maitresse[393]. Dans ce sens, en vertu de l'accord de coopération du 05 août 1997 portant sur les domaines de la défense et de la sécurité, la République démocratique Congo, lors de la visite officielle du président Joseph Kabila du 24 au 27 juillet 2007 à Luanda, va soumettre à l'appréciation de l'Angola son plan directeur général relatif à la réforme des forces armées de la République démocratique du Congo[394]. Dès lors, l'Angola, au côté des partenaires traditionnels de la République démocratique du Congo, est devenu une des pièces maitresses

---

[391]W., ZARTMAN, *La résolution des conflits en Afrique,* Paris, L'Harmattan, 1990, pp. 123-133.
[392]P., BEAUDET, *Angola : Bilan d'un socialisme de guerre,* Paris, L'Harmattan, 1995, pp.56-65.
[393]G., THIBAMBE, « La politique de bon voisinage : Analyse d'un principe de politique étrangère de la RDC », in *Congo-Afrique,* (février-mars 2007), n°412-413, p. 166.
[394]E., MANA MBUMBA, « La coopération bilatérale entre la République d'Angola et la République Démocratique du Congo : De 1975 à 2013 », in *Congo-Afrique*, (mars-avril 2014), n°483-484, pp. 190-205.

dans la mise en œuvre de l'ambitieux programme de réforme des services de défense et de sécurité congolais et dans la formation des unités combattantes des Forces armées de la République démocratique du Congo.

D'autre part, dans le contexte géopolitique de l'Afrique centrale[395], l'Angola semble jouer un rôle de rempart protecteur de la République démocratique du Congo contre les velléités déstabilisatrice et conquérante de ses voisins de l'Est (Rwanda, Ouganda et Burundi)[396]. Autant rappeler d'ailleurs le rôle décisif jouer par les forces armées angolaises au côté des troupes congolaise, zimbabwéenne et namibienne dans l'arrêt de la progression de la coalition armée de ces Etats agresseurs vers la capitale Kinshasa en 1998 même si[397], l'intervention de Luanda était, en réalité, d'abord dictée par des raisons de sa propre sécurité intérieure. Aux moyens militaires plutôt limités (5000 hommes bénéficiant d'une couverture aérienne, avions de combat MIG 21 et MIG 23, hélicoptères de combat MI-24 et MI-25), l'intervention militaire angolaise s'était, en effet, limitée à la sécurisation du Bas-Congo, région frontalière de l'éponge pétrolière de Cabinda et à la destruction des bases arrières de l'UNITA de Jonas SAVIMBI établies sur le territoire congolais[398]. Ce réflexe sécuritaire de l'Angola se révélait d'ailleurs à la lumière du jour à l'annonce de l'alliance de circonstance entre le Mouvement de libération du Congo, groupe armé d'obédience ougandaise et l'UNITA. Fondé sur des intérêts réciproques, l'UNITA, en contrepartie de ses

---

[395]C., BRAECKMAN, *Les nouveaux prédateurs. Politique des grandes puissances en Afrique centrale*, Paris, fayard, 2006, p. 154.

[396]Cfr. J.P., KOBANDA, *Les crimes économiques dans les grands lacs africains. 5 millions de morts pour enrichir : Les multinationales occidentales, le Rwanda, l'Ouganda et leurs complices congolais*, Paris, L'Harmattan, 2006, p.36.

[397]J.C., WILLIAME, *L'accord de Lusaka. Chronique d'une négociation internationale*, Paris, L'Harmattan, 2002, pp. 135-140.

[398]Pour comprendre les réelles motivations de l'intervention des troupes alliées (Angola, Zimbabwe et Namibie) au côté des forces armées de la République démocratique du Congo lors de la deuxième guerre d'agression de 1998 contre notre pays, au-delà d'un discours officiel qui n'y trouvait qu'une simple mise en œuvre du mécanisme de sécurité collective en vigueur au sein de la SADEC, lequel oblige les Etats membres à la solidarité au cas où l'un d'eux fait face à une agression extérieure,
lire avec beaucoup d'intérêt O., LANOTTE, *République Démocratique du Congo : Guerre sans frontières. De Joseph-Désiré Mobutu à Joseph Kabila*, Bruxelles, *Editions* complexe, 2003, pp. 51-66.

troupes aguerries combattant dans le rang du MLC, bénéficiant des bases arrière et d'accès aux aéroports sous le contrôle du mouvement armé congolais pour ses trafics de diamants et pour son approvisionnement en armes, ce rapprochement avait provoqué une vive réaction de l'Angola allant même jusqu'à menacer Kigali et Kampala, principaux soutiens des rebelles, d'une guerre généralisée.

Plus récemment encore, l'on peut observer les navettes presque régulières des plus hautes autorités congolaises en quête de soutien diplomatique et militaire pendant la énième tentative de déstabilisation de notre pays par Kigali en bonne intelligence avec Kampala au travers la pseudo-rébellion du CNDP rebaptisée M 23[399]. Ces contacts diplomatiques ont pu donner lieu récemment à la signature d'un accord tripartite de coopération militaire entre la République démocratique du Congo, l'Angola et l'Afrique du Sud prévoyant notamment la formation des forces de défense et de sécurité congolaises[400]. Cette intervention de l'Angola dans des secteurs aussi stratégiques expliquent probablement le manque de vigueur dans la réaction des autorités congolaises face à des faits graves d'incursion et même d'occupation de certains territoires congolais du Bas-Congo et de Bandundu effectués à plusieurs reprises par des troupes angolaises traquant les éléments du FLEC-FAC en lutte contre le régime en place en Angola[401]. Ces atteintes répétées à l'inviolabilité territoriale de la République démocratique du Congo appelaient, en principe, une réaction plus vigoureuse du gouvernement congolais qui, jusqu'ici, ne s'est contenté que des simples informations dans le cadre de la Commission mixte République démocratique du Congo/ Angola, instance privilégiée de discussion entre les deux Etats[402].

---

[399]G., THIBAMBE, *Op.Cit.*, pp. 45-50.

[400]P., LEBILLON, A., VINES et A., MALAQUIAS, « Au-delà du pétro-militarisme : La stratégie extérieure angolaise d'après guerre », in *Politique Africaine*, (juin 2014), n° 110, pp. 102-115.

[401]A., CONCHINGLIA, « Angola : La paix introuvable », in *Géopolitique africaine*, (novembre 2001), n°4, p. 161.

[402]Cfr. Ministère des affaires étrangères et de la coopération internationale, Aide-mémoire de la 8ème session de la Grande commission mixte, Kinshasa, 22-23 décembre 2013, pp. 10-25.

Dans ce contexte des rapports de force à ce point déséquilibrés, l'espoir d'aboutir à une solution équitable en ce qui est de la délimitation des frontières maritimes entre les deux Etats par le recours au procédé de la négociation bilatérale parait chimérique ou, à tout le moins, bien mince[403]. Le résultat d'un tel processus de négociation ne peut qu'être l'expression du diktat de l'Angola.

Sous-section. III : L'ALTERNATIVE DES MODES JURIDICTIONNELS DE REGLEMENT DES DIFFERENDS

Au nombre des mécanismes juridictionnels de règlement des différends prévus par le droit international notamment par la Charte des Nations Unies, on compte l'arbitrage international (§1) et le règlement judiciaire (§2).

Paragraphe I. L'arbitrage international

La compréhension des contours d'un mécanisme de règlement des différends comporte une double exigence : D'abord celui de dire en quoi il consiste exactement et en définir le fondement (A), en suite vient la question de son efficacité dont l'évaluation ne peut se faire, de façon pertinente, que par l'étude de certains cas (B).

A. Notion et fondement

Aux racines antiques, l'arbitrage international a connu au court de l'histoire plusieurs métamorphoses allant de la formule de l'arbitre unique (le recours au Pape ou à un chef d'Etat) jusqu'à celle des commissions d'arbitrage. Commandée par la technicité qu'exigeait le règlement de certains différends notamment ceux de délimitation des frontières, cette nouvelle formule des commissions d'arbitrage a été inaugurée par le

---

[403]Cfr. Assemblée Nationale, Rapport de la Commission d'enquête parlementaire sur l'incursion des forces armées angolaises dans les provinces du Bas-Congo et du Bandundu, Kinshasa, 20 avril 2007, pp. 25-36.

traité Jay de 1794 passé entre les Etats-Unis et la Grande Bretagne.

Toutefois, le procédé arbitral de règlement des différends entre Etats ne connaitra une consécration conventionnelle qu'avec les Conventions de la Haye de 1899, puis de 1907 qui a même institué la Cour Permanente d'arbitrage même si, en raison d'une rigidité le rapprochant plus du mode judiciaire, cette institution a été un échec réduisant la Cour à sa plus simple expression de registre d'arbitres potentiels.

Enfin, s'agissant du fondement de l'arbitrage, il a un double fondement selon qu'il s'agit d'un différend né et actuel ou simplement avenir. Il peut donc s'agir d'un compromis arbitral ou d'une clause compromissoire.

B. Exemples concluants de règlement arbitral des conflits frontaliers en Afrique

Pour évaluer l'efficacité du règlement arbitral dans la résolution des différends de nature territoriale, le choix sera porté successivement sur le différend de délimitation des frontières maritimes ayant opposé la Guinée Conakry à la Guinée Bissau (I) et sur celui ayant opposé le Sénégal à la Guinée Bissau (II).

I. Le conflit entre la Guinée Conakry et la Guinée Bissau

Classiquement, pour procéder au règlement du contentieux de délimitation des frontières entre la Guinée Conakry et la Guinée Bissau, l'instance arbitrale appelée à trancher ce litige de nature territoriale a fait largement référence au contexte historique du différend (a), pour rendre sa sentence (b).

a. Contexte historique du différend

Historiquement, l'on peut remonter le différend territorial entre la Guinée et la Guinée Bissau de la divergence d'interprétation de la Convention luso-française de 1886. Signée en application des principes édictés par le droit d'occupation coloniale défini à Berlin en 1885, cette Convention, selon Anne GAUDIN, « attribuait toutes les îles qui se trouvaient au large de la côte de la Guinée-Bissau au Portugal et fixait la limite de la zone concernée sur le parallèle immédiatement au sud de l'îlot le plus méridional »[404].

En 1973, lorsque la Guinée-Bissau accède à son indépendance, elle va procéder à l'extension unilatérale de la largeur de sa mer territoriale à 150 milles marins. Cette extension unilatérale effectuée par la Guinée-Bissau sera désapprouvé par son voisin, provoquant ainsi un contentieux les deux Etats. A l'origine, les protagonistes, pour le règlement de leur différend, vont d'abord recourir à négociation bilatérale.

Cependant, face à l'échec de cette tentative d'une délimitation négociée, les parties vont, de commun accord, faire le choix d'un règlement arbitral avec la signature, en février 1983, d'un compromis[405]. Le 14 février 1985, le tribunal arbitral devant lequel les deux parties avaient convenu de déférer leur différend avait rendu sa sentence[406].

b. Règlement arbitral du litige

Pour conforter sa position, dans le cadre du différend qui l'opposait à la Guinée-Conakry, Guinée-Bissau faisait référence à la Convention signée entre la France et le Portugal en 1886 pour le partage de leur domaine colonial respectif. Pour la Guinée-Bissau, cette Convention était une consécration de la délimitation maritime entre les deux Etats dans mesure où elle s'étendait également aux îles.

Pour répondre à cette question, le tribunal va prendre en ligne de compte non seulement l'attitude des parties mais aussi

---

[404]A., GAUDIN, *De la contribution de la Guinée Bissau à l'élaboration du droit international maritime. Fixation par l'arbitrage des limites de la Guinée-Bissau,* Paris, Dalloz, 2009, p. 144.

[405]G., SAUTER, « Quelques réflexions sur les frontières africaines », in *Le Mois en Afrique, (juin-août 2004), n°2145, pp. 23-28.*

[406]D.F., BOURJORL, « Heurs et malheurs de l'Uti possidetis. Intangibilité des frontières africaines », in *Revue juridique et politique, (janvier-mars 2000), n°1547, pp. 56-60.*

les annexes de la Convention et surtout sa terminologie. Aussi, à partir de la forte fréquence du concept « frontière » par rapport au terme « limite », le Tribunal va-t-il conclure, en prenant également appui sur le contexte de l'époque, que « les négociateurs n'ont jamais envisagé autre chose que des frontières terrestres »[407]. Rien de tel, ne pourrait affirmer le principe de la spécificité des limites maritimes par rapport aux frontières terrestres. La thèse de l'existence de la frontière maritime au terme de la Convention de 1886 défendue avec force par la Guinée-Bissau a donc été réfutée par le Tribunal nécessitant, de fait, le tracé de la ligne de séparation des zones maritimes de ces deux Etats. Selon Anne GAUDIN, « à l'analyse de la sentence, l'impression qui s'en dégage est que l'instance arbitrale s'est plus attachée à l'examen des circonstances pertinentes relatives à la délimitation du plateau continental sans égard d'ailleurs à celles afférentes aux autres zones maritimes concernées, en particulier la zone économique exclusive »[408].

Toutefois, l'on doit reconnaitre, à la suite du professeur BULA-BULA, que cette sentence rendue dans le cadre du différend opposant les deux Guinées consolide « la jurisprudence internationale se prononçant de manière quasi-unanime sur l'application des normes, principes et méthodes aboutissant à une solution équitable »[409].

II. Le conflit entre le Sénégal et la Guinée Bissau

Comme pour le précédent différend, l'instance arbitrale appelée à trancher le contentieux de délimitation des frontières entre le Sénégal et la Guinée Bissau a fait, elle aussi, un recours particulièrement abondant aux sources historiques (a) pour rendre une sentence éclairée (b).

---

[407]C., NTUMBA, *La notion de frontières et de la solidarité en Afrique noire francophone*. Mémoire de première année de doctorat présenté à la Faculté de droit de l'Université de Rabat. Rabat, 1996, p. 96.
[408]A., GAUDIN, *Op.Cit.*, p. 145.
[409]S., BULA-BULA, *Le nouveau droit de la mer dans les Etats de la côte Atlantique et Indienne d'Afrique*. Thèse de doctorat présenté à Louvain-la-Neuve. Bruxelles, le 27 mars 1986, p. 225.

a. Contexte historique du conflit

Mettant en exergue la problématique de la succession de l'Etat successeur aux traités de nature territoriale, le différend de délimitation des espaces maritimes ayant opposé le Sénégal à la Guinée Bissau tranche avec le cas précédent en ce que, dans le cas d'espèce, un accord de délimitation liait les deux Etats. Engagées entre deux anciennes puissances coloniales, la France et le Portugal, les négociations qui ont présidé à la signature de cet accord faisaient suite aux vives protestations de la France face à la signature d'un contrat de concession entre le ministre d'Outre-mer portugais et la société pétrolière américaine Esso portant sur zone alors litigieuse. Débutées dès septembre 1959, ces négociations, portant sur la délimitation des mers territoriales, des zones contiguës et des plateaux continentaux de deux États[410], vont aboutir à l'Accord du 26 avril 1960 dont l'un des points stipulait que « jusqu'à la limite extérieure des mers territoriales, la frontière sera définie par une ligne droite orientée à 240 degrés partant du point d'intersection du prolongement de la frontière terrestre et de la laisse de basse mer représentée, à cet effet, par le phare du cap Roxo. En ce qui concerne les zones contiguës et le plateau continental, la délimitation serait constituée par le prolongement rectiligne, dans la même direction, de la frontière des mers territoriales »[411].

A son accession à l'indépendance en septembre 1973 après une longue lutte pour se libérer du joug colonial portugais, la Guinée-Bissau, ignorant l'obligation juridique le liant à succéder à un traité de nature territoriale va demander à son voisin, le Sénégal, l'ouverture des négociations sur la détermination de leur frontière maritime commune[412]. Mais

---

[410]*Idem*, pp. 100-103.

[411]Cfr. A., GAUDIN, *Op.Cit.*, pp. 89-92.

[412]J., CABOT, « Les frontières coloniales de l'Afrique », in *Revue des relations internationales, (août-octobre 2004), n°2154, p. 85.*

déjà en ses débuts, ces négociations butent à une divergence fondamentale.

En effet, pour la France tirant argument des règles coutumières fort bien ancrées dans la pratique des Etats, l'Accord du 26 avril 1960 qui avait procédé à la délimitation de la frontière maritime entre les domaines coloniales de la France et du Portugal liait les deux Etats successeurs, le Sénégal et la Guinée-Bissau.

A l'opposé, la Guinée-Bissau, prétextant n'avoir eu connaissance de cet accord de délimitation des espaces maritimes de deux Etats qu'en cours des négociations, affirmait que l'Accord était frappé de nullité et d'inexistence[413].

b. Du règlement arbitral au recours devant la CIJ.

Pour surmonter ce désaccord sur cette question de l'efficacité juridique de l'Accord du 26 avril 1960 passé entre les deux Etats prédécesseurs, le Portugal et la France, sur les Etats successeurs, le Sénégal et la Guinée-Bissau, les deux protagonistes vont s'accorder pour soumettre leur différend à la sentence d'un Tribunal arbitral de trois membres par la signature, le 12 mars 1985, d'un compromis d'arbitrage.

Se référant à une abondante jurisprudence internationale ainsi qu'à la pratique des Etats, le Tribunal arbitral, dans sa sentence rendue le 31 juillet 1991, va mettre en avant le principe « uti possidetis » affirmant, par là même, la continuité du traité du 26 avril 1960 contesté par la Guinée-Bissau aux Etats successeurs[414]. Pour le Tribunal, l'Accord du 26 avril 1960 avait donc fixé les limites des espaces maritimes de deux Etats comprenant, toute à la fois, les limites de la mer territoriale, de la zone contiguë et du plateau continental, même si, celles de la zone économique exclusive (ZEE) n'étaient pas encore fixées[415].

[413]V.R., PETKOVIC, « Frontières africaines », in *Revue de la politique internationale, (octobre-décembre 2006), n°2547, pp. 23-31.*

[414]Cfr. G., BOUTROS-BOUTROS, *Op.Cit.*, pp. 78-82.

[415]*Idem*, p. 83.

Toutefois, cette sentence subira une contestation guinéenne devant la Cour Internationale de Justice sur base de la requête du 12 novembre 1991. Déboutant la Guinée Bissau, la CIJ a conclu à la validité de la sentence et n'a pas retenu les arguments de la Guinée-Bissau tendant à affirmer la nullité de la sentence du fait non seulement du manque de cohésion des arbitres mais aussi du fait qu'elle ne se prononçait pas sur la ZEE de deux États.

Paragraphe II. Procédé judiciaire de règlement des différends : Le parti pris pour un recours devant la CIJ

Le règlement judiciaire devant la CIJ pose, au préalable, la question du fondement de la compétence juridictionnelle de la Cour (A). Au-delà, dans cette réflexion sur le choix du mode de règlement des différends qui soit pertinent pour la résolution équitable du différend de délimitation des espaces maritimes entre la République démocratique du Congo et l'Angola, la question de l'intérêt d'un recours à la CIJ sera aussi posée (B).

A. Fondement de la compétence contentieuse de la Cour

Le mode d'expression du consentement des Etats parties à accepter la juridiction de la Cour Internationale de Justice est fonction de caractère né et actuel ou simplement éventuel[416]. Dans la première hypothèse où l'actualité du différend permet aux différents protagonistes la disposition d'informations pertinentes tant en ce qui est de l'identité de l'adversaire que de la consistance exacte du litige, l'expression du consentement des parties peut relever d'abord d'un compromis s'entend d'un accord conclu entre deux Etats pour saisir la Cour du différend les opposants[417].

Pour assurer l'attractivité de la Cour Internationale de Justice, les rédacteurs du Statut de la Cour, prenant le contre-pied de la rigidité traditionnelle des règles de procédure et de composition dont sont emprunts, en général, le règlement

[416] D., ALLAND, *Droit international public*, Paris, Dalloz, 2009, pp. 892-894.
[417] *Idem*, p.898.

judiciaire, y apportent un tempérament[418]. Ces modalités sont fixées par l'article 26 du Statut de la Cour Internationale de Justice en ces termes : « La Cour peut, à toute époque, constituer une chambre pour connaitre d'une affaire déterminée. Le nombre des juges de cette chambre sera fixé par la Cour avec l'assentiment des parties ». Et l'article de poursuivre que « si la Cour compte sur un siège un juge de la nationalité d'une des parties, toute autre partie peut désigner une personne de son choix pour siéger en qualité de juge. Celle-ci devra être prise de préférence parmi les personnes qui ont été l'objet d'une présentation en conformité des articles 4 et 5. Si la Cour ne compte sur le siège aucun juge de la nationalité des parties, chacune de ces parties peut procéder à la désignation d'un juge… »[419]. Profitant de cette brèche ouverte par le Statut de la Cour Internationale de Justice, un nombre considérable d'Etats parties s'y sont engouffrés. Le compromis du 29 mars 1979 entre les Etats-Unis et le Canada dans l'affaire de la délimitation de la frontière maritime dans la région du golfe du Maine, le compromis du 16 septembre 1983 entre la Haute-Volta et le Mali dans l'affaire du différend des frontières terrestres ou encore celui du 24 mai 1986 entre El Salvador et le Honduras dans l'affaire du différend frontalier terrestre, insulaire et maritime servent d'exemples à ce propos[420]. A bien des égards, comme les notent Patrick DALLIER et Alain PELLET, « ce tempérament effectue un incontestable rapprochement entre le compromis juridictionnel et celui arbitral et ce, d'autant plus que dans le premier cas, comme dans le second, le compromis doit comporter la définition de l'objet du litige ainsi que les questions posées aux juges et même, dans une certaine mesure, peut aller jusqu'à préciser les règles de droit que les parties demandent à la Cour d'appliquer »[421]. Il convient d'indiquer que le caractère politique ou simplement juridique du différend reste totalement indifférente à la capacité des Etats parties de définir l'objet du

[418]M., SINKONDO, *Droit international public*, 9ème éd., Paris, ellipses, 2008, p.785.
[419]Article 26 du Statut de la Cour International de Justice, in Journal Officiel de la République Démocratique du Congo, 42ème, n° spécial, mai 2001, p. 23.
[420]P., DALLIER et A., PELLET, *Op.Cit.*, p. 1186.
[421]*Idem*, p. 1187.

litige. C'est ce qui peut ressortir d'une lecture attentive de l'article 36 paragraphe1 du Statut de la CIJ prévoyant que « la compétence de la Cour s'étend à toutes les affaires que les parties lui soumettront, ainsi qu'à tous les cas spécialement prévus dans la Charte des Nations Unies ou dans les traités et conventions en vigueur »422. Au plan jurisprudentiel, sa devancière, la Cour Permanente de Justice Internationale abordait déjà dans le même sens en décidant, dans son arrêt rendu le 26 avril 1928 dans l'affaire des droits de minorités en Haute-Silésie, qu'il n'y avait « aucun différend que les Etats admis à ester devant la Cour ne puissent lui soumettre »423.

Par ailleurs, la pratique de la CIJ, toujours dans le cas d'un différend né et actuel, permet d'entrevoir la possibilité, pour la Cour, de ne fonder sa juridiction que sur le comportement de l'Etat défendeur postérieurement à la saisine de la Cour. Aussi, la CIJ a-t-elle pu juger que dans l'hypothèse où un Etat portait, à son jugement, un différend qu'elle était « saisie si l'autre Etat acceptait de se présenter à l'instance ou s'il participait effectivement à la discussion en déposant ses propres conclusions ou n'émettait pas d'objection contre une future décision au fond ». Concluant avec netteté sur cette pratique de la CIJ (Cfr. les arrêts rendus le 25 mars 1948 dans l'affaire du Détroit de Corfou et celui du 22 juillet 1952 dans l'affaire de l'Anglo-Iranian Oil Cy), Patrick DALLIER et Alain PELLET affirment que ces attitudes décrites précédemment « sont donc considérées par la Cour comme des manifestations d'une acceptation tacite de sa compétence, sur laquelle la partie défenderesse n'est plus en droit de revenir en vertu du principe de bonne foi, de l'estoppel »424.

A l'opposé, il en va tout autrement dans l'hypothèse des différends simplement éventuels. Il peut d'abord s'agir d'une clause spéciale de règlement juridictionnel. Contenue souvent dans des traités de paix, dans ceux des minorités, dans des accords de mandat, des accords de tutelle, dans des actes

---

[422]Article 36, §1 du Statut de la Cour International de Justice, in Journal Officiel de la République Démocratique du Congo, 42ème, n° spécial, mai 2001, p. 33.

[423]CPJI, arrêt du 26 avril 1928, affaire des droits des minorités en Haute-Silésie, série, A, n°15, p.25.

[424]P., DALLIER et A., PELLET, *Op.Cit.*, p. 1189.

constitutifs des institutions spécialisées des Nations Unies, dans certaines conventions sur le commerce et la protection des investissements(Cfr. arrêt de la CIJ du 20 juillet 1989 dans l'affaire Ellettronica Sicula opposant les Etats-Unis à l'Italie)425, dans des clauses et protocole de signature facultative de certaines conventions de codification (protocole aux Conventions de Genève de 1958 sur le droit de la mer et article 66 de la Convention de Vienne de 1969 sur le droit des traités), dans des traités d'amitié et de commerce, dans des traités bilatéraux ou multilatéraux dont l'objet principal est le règlement pacifique des différends426, la clause spéciale de règlement juridictionnel a souvent été invoquée par la CIJ comme la base de sa compétence juridictionnelle. A titre d'illustration, on peut citer l'affaire des essais nucléaires de 1973 qui a donné à l'Australie et à la Nouvelle-Zélande l'opportunité d'invoquer à l'encontre de la France, l'Acte général d'arbitrage de 1928, l'affaire des actions armées ayant opposé le Nicaragua au Honduras dans laquelle la CIJ a fondé sa compétence sur Pacte de Bogota de 1948 pour rendre l'arrêt du 20 décembre 1988 427 et l'affaire de la délimitation maritime et des questions territoriales ayant opposé le Qatar au Bahreïn dans laquelle la CIJ a fondé sa compétence sur l'accord bilatéral autorisant une saisine unilatérale de la Cour pour rendre l'arrêt du 1èr juillet 1994428.

De caractère beaucoup plus permanent, le système dit de la clause facultative de juridiction obligatoire est, par définition, un engagement préalable pris par un Etat de déférer, au jugement de la CIJ, tout litige qui pourrait l'opposer à un autre Etat ayant lui-même souscrit à la même clause puis que l'article 36 paragraphe 2 du Statut dispose que « les Etats parties au présent Statut pourront, à n'importe quel moment, déclarer reconnaitre comme obligatoire de plein de droit et sans convention spéciale à l'égard de tout autre Etat acceptant la

[425]CIJ arrêt du 20 juillet 1989, dans l'affaire Ellettronica Sicula opposant les Etats Unis à l'Italie, série B, n°45, p. 56.

[426]J., COMBACAU et S., SUR, *Op.Cit.*, p. 789.

[427]CIJ, arrêt du 20 décembre 1988, affaires des activités militaires et paramilitaires au Nicaragua entre les Etats Unis et le Nicaragua, série A/B, n°45, p. 46.

[428]CIJ, arrêt du 1er juillet 1994, affaire de la Délimitation maritime et des questions territoriales entre le Qatar et Bahreïn, série B, n°48, p.210.

même obligation, la juridiction de la Cour sur tous les différends d'ordre juridique ayant pour objet : a. l'interprétation d'un traité ; b. tout point de droit international ; c. la réalité de tout fait qui, s'il était établi, constituerait la violation d'un engagement international ; d. la nature ou l'étendue de la réparation due pour rupture d'un engagement international »429.

Dans le souci d'accroitre le nombre d'Etats souscripteurs à la clause facultative de juridiction obligatoire, l'article 36 paragraphe 4 du Statut de la CIJ en allège fortement la procédure de souscription puis qu'il ne prévoit qu'une simple transmission, par un Etat partie au Statut de la Cour, de sa déclaration d'acceptation au Secrétaire général des Nations Unies qui en transmettra copie aux autres Etats parties au Statut et au greffier de la Cour.

Il est à noter qu'au temps de la CPJI, l'attrait des Etats parties à souscrire à la clause facultative de juridiction obligatoire était manifeste, les statistiques indiquant qu'à la veille de la deuxième guerre mondiale cinquante-quatre des cinquante-neuf Etats parties au Statut de la CIJ avaient accepté la clause d'option. Profitant de la règle de la substitution de la CPJI par l'actuelle CIJ dans les rapports entre la Cour et les Etats parties au Statut, la CIJ se prévaut de ces engagements même si, le nombre des Etats parties ayant souscrit à cette clause n'a que très peu évolué, les statistiques de 1993 indiquant seulement 56 déclarations d'acception de la clause d'option sur 185 Etats parties430. Plus inquiétant encore, parmi les membres permanents du Conseil de sécurité, seul le Royaume-Uni reste lié par l'article 36 paragraphe 2 après la double dénonciation de la France, en 1974, suite à l'ordonnance du 22 juin 1973 dans l'affaire des essais nucléaires et des Etats-Unis, en 1985, suite à l'arrêt du 26 novembre 1984 dans l'affaire des activités militaires et paramilitaires au Nicaragua431. Ce nombre relativement limité des Etats ayant accepté de souscrire à la clause facultative de juridiction

---

[429]Article 36, §2 du Statut de la Cour International de Justice, in Journal Officiel de la République Démocratique du Congo, 42ème, n° spécial, mai 2001. p. 33.

[430]P., DALLIER et A., PELLET, *Op.Cit.*, p. 1190.

[431]Cfr. A., ABDELMOUGHIT, *Op.Cit.*, pp. 154-159.

obligatoire, comme les regrettent Patrick DALLIER et Alain PELLET, « n'est pas sans conséquence dans la mesure où, en vertu du principe de réciprocité, lorsque la Cour est saisie par une requête unilatérale fondée sur l'article 36 paragraphe 2, la juridiction de la Cour n'est établie que si les deux Etats sont également liés par leur déclaration d'acceptation »432.

Menaçant gravement la substance même des déclarations d'acceptation de la juridiction de la Cour, la possibilité d'émission des réserves limite fortement le champ d'application de l'engagement dans le temps et d'un point de vue matériel433. Cette faculté d'émettre des réserves a été exploitée le 20 mai 1966 par la France au moment de sa déclaration d'acceptation en excluant de la compétence de la Cour « les différends concernant des activités se rapportant à la défense nationale » et par les Etats-Unis qui mettait alors en avant une règle, à la régularité douteuse, celle de la « réserve automatique » dont l'extension est vague parce qu'elle exclue tous les différends relavant de la compétence nationale « telle qu'elle est déterminée par les Etats-Unis »434.

En outre, la problématique de la nature juridique de la clause facultative de juridiction obligatoire de l'article 36 paragraphe 2 a souvent eu l'honneur des discussions des doctrinaires de droit international. Patrick DALLIER et Alain PELLET posaient, par exemple, la question de savoir s'il s'agissait « d'un acte unilatéral puisqu'émanant de la libre décision d'un seul Etat ou, au contraire, de la mise en œuvre d'un système établi par voie d'accord (le Statut de la Cour Internationale de Justice) ? ». En 1984, la CIJ, dans son arrêt dans l'affaire des activités militaires et paramilitaires des Etats-Unis au Nicaragua, tranchait ce débat en décidant que « le caractère unilatéral des déclarations n'implique pourtant pas que l'Etat déclarant soit libre de modifier à son gré l'étendue et la teneur de ses engagements solennels »435.

---

[432]*Idem*, p. 1192.

[433]Article 36, §2 du Statut de la Cour International de Justice, in Journal Officiel de la République Démocratique du Congo, 42ème, n° spécial, mai 2001, p. 33.

[434]*Idem*, p. 154.

[435]CIJ, arrêt du 20 décembre 1988, affaires des activités militaires et paramilitaires au Nicaragua entre les Etats Unis et le Nicaragua, série A/B, n°45, p. 46.

Dans le même arrêt, la Cour poursuit : « En fait, les déclarations, bien qu'étant des actes unilatéraux, établissent une série de liens bilatéraux avec les autres Etats qui acceptent la même obligation par rapport à la juridiction obligatoire en prenant en considération les conditions, réserves et stipulations » même si, dans son arrêt du 4 décembre 1998 dans l'affaire de la compétence en matière de pêcheries opposant l'Espagne au Canada, la Cour tend à une certaine inflexion de sa jurisprudence préférant mettre en exergue la liberté du déclarant quant à la formulation de sa réserve436.

Ce revirement de jurisprudence de la CIJ est la résultante de la reconnaissance par la Cour de la nature mixte de la clause d'option pouvant se définir « comme étant un acte unilatéral établissant néanmoins un lien consensuel avec les autres Etats reconnaissant eux-mêmes la juridiction de la Cour »437. De fait, l'Espagne, se fondant sur l'argument qui voulait qu'une réserve se conforme au but et à l'objet du traité (en l'espèce, le Statut de la CIJ et la Charte des Nations Unies) pour invoquer le caractère illégal de la réserve affectant la déclaration canadienne qui excluait de la compétence de la Cour tout cas d'arrestation d'un navire étranger en haute mer, s'était vu débouter, la CIJ estimant qu'il « existe une distinction fondamentale entre l'acceptation par un Etat de la juridiction de la Cour et la compatibilité de certains actes avec le droit international. L'acceptation exige le consentement. La compatibilité ne peut être appréciée que quand la Cour examine le fond, après avoir établi sa compétence et entendu les deux parties faire valoir leur moyen en droit »438.

En fin, il n'est pas sans intérêt de souligner le fort attachement de la Cour à ce principe du fondement consensuel de sa compétence. Ainsi, a-t-elle établit, dans son arrêt du 3 février 2006 relatif à sa compétence et à la recevabilité de la requête dans l'affaire des activités armées sur le territoire du Congo opposant la République démocratique du Congo au

---

[436]CIJ, arrêt 4 décembre 1998, affaire de la compétence en matière de pêcheries entre l'Espagne et le Canada, série C, n°14, p. 48.

[437]P., DALLIER et A., PELLET, *Op.Cit.*, p. 1193.

[438]CIJ, arrêt 4 décembre 1998, affaire de la compétence en matière de pêcheries entre l'Espagne et le Canada, série C, n°14, p. 48.

Rwanda, un net distinguo entre le caractère universel, erga omnes et impératif d'une norme et la reconnaissance de sa juridiction pour connaitre de sa violation alléguée par un Etat. Tout en reconnaissant, de manière explicite, que la règle mettant « hors la loi » le génocide faisait partie intégrante du jus cogens, la CIJ précisait que, du point de vu procédural, « le fai qu'un différend porte sur le respect d'une norme possédant ι tel caractère, ce qui est assurément le cas de l'interdiction génocide, ne saurait en lui-même fonder la compétence dι Cour pour en connaitre la violation »439.

De même, on ne saurait simplement se baser sur l'article 93 de la Charte des Nations Unies faisant des Etats membres des Nations Unies ipso facto parties au Statut de la Cour comme fondement de la compétence de la CIJ pour un règlement judiciaire du différend de délimitation des frontières maritimes opposant la République démocratique du Congo à l'Angola. Toute requête de la République démocratique du Congo saisissant la Cour de ce différend de délimitation des espaces maritimes devra donc, pour franchir l'étape de la reconnaissance par la CIJ de sa compétence, se fonder sur les quatre possibilités d'expression du consentement des Etas à reconnaitre la juridiction de la Cour. A ce sujet, cette saisine unilatérale de la Cour, au cas du défaut d'un compromis juridictionnel entre la République démocratique du Congo et l'Angola, pourrait se fonder, comme base d'expression du consentement de l'Angola à se soumettre à la juridiction de la Cour, sur l'article 66 de la Convention de Vienne de 1969 sur le droit des traités qui dispose que « toute partie à un différend concernant l'application ou l'interprétation des articles 53 ou 64 peut, par une requête, le soumettre à la décision de la Cour Internationale de Justice, à moins que les parties ne décident d'un commun accord de soumettre le différend à l'arbitrage » constituant440, pour les Etats parties à cette Convention, une clause spécifique de reconnaissance de la juridiction de la

[439]CIJ, arrêt du 3 février 2006, affaire des activités armées sur le territoire du Congo entre la République Démocratique du Congo et le Rwanda, série C, n°12, p. 56.
[440]Article 66 de la Convention de Vienne de 1969 sur le droit des traités, in P.M., DUPUY, *Op.Cit.*, p. 204.

particulièrement attentatoire à leur souveraineté. Cette réticence des Etats africains vis-à-vis des modes juridictionnels de règlement des différends va transparaitre pendant la Conférence de Vienne sur le droit des traités de 1969 où ils seront les plus fervents défenseurs de la règle de la liberté du choix des moyens de règlement des différends[447].

Ce rejet du système de règlement judiciaire de la Charte des Nations Unies apparait également dans l'attitude des Etats africains en ce qui est de leur acception de la clause de juridiction obligatoire de l'article 36, paragraphe 2 du Statut de la CIJ. A cet égard, les chiffres se passent de tout commentaire. Selon les statistiques datant du 31 juillet 1985, des quarante-sept Etats ayant souscrit à la clause de juridiction obligatoire de la CIJ, l'on ne pouvait compter que quatorze Etats africains avec une très faible présence des Etats francophones, la fameuse liste des Etats africains souscripteurs de la clause d'option ne contenant que deux Etats francophones. Sur ce nombre relativement faible des Etats africains souscripteurs de la clause d'option, il convient d'indiquer que seulement cinq Etats ont pu marquer leur adhésion sans formulation des réserves, technique, comme souligné précédemment, dont l'effet est d'amoindrir sensiblement les engagements internationaux des Etats[448].

Mais, la nécessité d'un dépassement de nombreuses situations conflictuelles opposant plusieurs Etats africains sur la délimitation de leur frontière va commander un recours plus fréquent à la Cour Internationale de Justice. Le constat que faisait, à juste titre, Gaston Bouthoul dans son « Frontières et traités de paix » selon lequel « l'originalité du monde actuel est que la majeure partie des frontières nouvelles continuent à n'être que des lignes d'armistice ou de cessez-le-feu », étant aussi une réalité africaine, les Etats africains, pour éviter les aléas des contestations ultérieures, rechercheront une consécration internationale de leurs prétentions territoriales[449].

---

[447]Cfr. A., BENMESSAOUD, *Le rôle des Etats du Tiers-Monde dans l'élaboration de la Convention de Vienne sur le droit des traités de 1969*. Mémoire de DEA présenté à l'Université de Grenoble, Paris, octobre 1976.

[448]*Idem*, p. 782.

[449]G., BOUTHOUL, « Frontières et traités de paix », in *Le Monde*, (14-15 avril 1968), n°7895, p. 25.

Ainsi, dès 1974, le Maroc, estimant détenir des droits sur le territoire du Sahara occidental, avait adressé une requête aux Nations Unies pour que cette dernière, en vertu de la compétence consultative reconnue à son instance juridictionnelle, la CIJ, lui demande un avis sur la question de ce territoire[450]. C'est cette même préoccupation qui va encourager les autres Etats africains à formuler auprès des juridictions arbitrales et surtout auprès de la Cour Internationale de Justice des requêtes. Ce regain d'intérêt pour le règlement juridictionnel devant la CIJ a pu donner lieu à plusieurs arrêts rendus par cette juridiction onusienne[451]. A titre d'exemple, on peut citer les cas des arrêts du 3 avril 1985 dans l'affaire du différend frontalier entre le Burkina Faso et le Mali, celui du 11 juin 1998 dans l'affaire de la frontière terrestre et maritime entre le Cameroun et le Nigéria, celui du 10 décembre 1985 portant sur une demande de révision et d'interprétation de l'arrêt du 24 février 1982 dans l'affaire du plateau continental entre la Tunisie et la Libye, celui du 12 novembre 1991 dans l'affaire de la frontière maritime entre le Sénégal et la Guinée Bissau ou encore celui portant sur le différend frontalier ayant opposé ce dernier Etat à la Guinée Conakry, les affaires de la délimitation des frontières entre la Libye et le Tchad, entre le Botswana et la Namibie, entre l'Erythrée et l'Ethiopie, entre le Bénin et le Niger et entre le Gabon et la Guinée équatoriale. Les arrêts du 10 juillet 2002 dans l'affaire des activités armées sur le territoire du Congo entre le Rwanda et la République démocratique du Congo et du 29 novembre 2001 portant sur une demande reconventionnelle de l'Ouganda dans l'affaire des activités armées sur le territoire du Congo entre l'Ouganda et la République démocratique du Congo, sans porter directement sur une question de délimitation frontalière, témoigne, si besoin en est encore, de l'intérêt que les Etats africains manifeste vis-à-vis du règlement judiciaire devant la CIJ[452].

Cependant, ce revirement spectaculaire dans la perception de la CIJ par les Etats africains ne pourrait avoir

---

[450]M., LAMOURI, *Le contentieux relatif au territoire terrestre du Maroc*, Paris, L.G.D.J, 1978, pp. 85-90.
[451]A., BENMESSAOUD, *Op.Cit.*, p.63.
[452]M., SINKONDO, *Op.Cit.*, p.529.

comme facteur explicatif uniquement une volonté de dépassement des situations conflictuelles à connotation territoriale par le biais de la consécration internationale des prétentions territoriales. Au nombre des facteurs ayant présidé à ce changement d'état d'esprit des Etats africains vis-à-vis de la Cour Internationale de Justice, on peut noter également l'insertion progressive des Etats africains dans l'ordre juridique international au-travers leur importante contribution pendant les travaux de différentes conférences de codification et le changement dans la composition de la Cour ainsi que de la nature de ses arrêts. Progressivement, on a, en effet, pu observer une présence remarquable et continue des africains parmi les membres de la juridiction de la Haye en application de l'article 9 de son Statut, visant à assurer une certaine universalité à la Cour, en disposant que les juges élus doivent assurer « dans l'ensemble, la représentation des grandes formes de civilisation et des principaux systèmes juridiques du monde »[453].

Par ailleurs, les lacunes du procédé diplomatique résultant du principe du règlement négocié des différends frontaliers adopté par l'Organisation de l'Unité Africaine à la 44ème session des ministres de l'organisation panafricaine tenue à Addis-Abeba en juillet 1986 à savoir la technique de la médiation , qu'elle revête un caractère unique ou collégial au-travers une commission ad hoc, dans le règlement des différends frontaliers de nature souvent complexe, ne sont pas étrangères à cet intérêt porté à la procédure devant la Cour Internationale de Justice[454].

En effet, après plusieurs années d'expérimentation du procédé de la médiation qui avait jusqu'ici les faveurs de l'organisation continentale dans le cadre du règlement des différends ayant opposé les Etats africains, un constat s'est imposé : la technique de la médiation a simplement « permis d'apaiser les différends, de les geler et d'éviter le pire dans le concert africain (et) il faudrait également reconnaitre qu'elle n'a pas abouti à des solutions juridiques bénéficiant de l'adhésion et

---

[453]Article 9 du Statut de la Cour International de Justice, in Journal Officiel de la République Démocratique du Congo, 42ème, n° spécial, mai 2001, p. 21.

[454]G., BOUTRS-BOUTROS, *L'Organisation de l'Union Africaine,* Paris, Seuil, 1989, p. 98.

du soutien de toutes les parties intéressées »[455]. Il en ressort que le procédé de la médiation n'était limité qu'à la nécessité d'éviter toute confrontation armée entre protagonistes pour créer des conditions propices à un règlement bilatéral. C'est ce que soutenait, avec justesse, Mohammed BEDJAOUI en affirmant, à propos du litige territorial entre le Maroc et l'Algérie, qu' « en s'abstenant de situer les responsabilités des incidents, en dépit des pouvoirs étendus à elle reconnus, la Commission ad hoc a certainement évité les blessures et encouragé le recours aux négociations bilatérales directes »[456]. Cette tendance du glissement vers le règlement bilatéral s'illustre parfaitement dans le cadre des conflits de la Corne de l'Afrique et ceux du Maghreb en ce que plusieurs contentieux ayant opposé les Etats de ces deux régions ont connu un règlement bilatéral à l'instar du litige territorial entre le Maroc et l'Algérie avec la signature de la Convention de 1972 même si, sa mise en œuvre reste bloquée pour des raisons de lutte de leadership liées au déclenchement de la crise du Sahara occidental[457]. Rien de tel ne pourrait démontrer le caractère limité des procédés politiques de règlement des différends appliqués au règlement des litiges territoriaux. .

Aujourd'hui, devant cette évidence de l'incapacité des procédés de règlement politique à résoudre durablement les différends des frontières opposant les Etats africains, le recours à la Cour Internationale de Justice est de plus en plus fréquent alors que, en même temps, la question des frontières semble plus que jamais inscrit en lettre d'or dans l'agenda de l'Union Africaine qui a depuis le 7 juin 2007, à la première conférence des Ministres des Etats membres en charge des questions de frontières, adopté le « programme-frontières » de l'UA (PFUA) avec un triple objectif stratégique :

- Aider et encourager les gouvernements africains à délimiter et à démarquer leurs frontières terrestres et maritimes, en vue de prévenir les conflits et les tensions aux frontières ;

---

[455]A., BENMESSAOUD, *Op.Cit.,* p.66.
[456] M., BEJAOUI, cité par A., BENMESSAOUD, *Op.Cit.,* p.69.
[457]*Idem*, p. 96.

- Aider et encourager les gouvernements africains à renforcer la coopération transfrontalière ;
- Développer les mécanismes africains de renforcement des capacités[458].

L'adoption de ce programme n'est qu'un début d'opérationnalisation du mémorandum d'accord sur la sécurité, la stabilité, le développement et la coopération en Afrique (CSSDCA) adopté par les chefs d'Etats et de gouvernement à Durban, en juillet 2002 et qui ambitionnait le parachèvement de la délimitation et de la démarcation des frontières interafricaines à l'horizon 2012.

Toutefois, l'incapacité de l'Union Africaine de tenir son échéancier de 2012 a commandé l'adoption d'une nouvelle échéance de 2017 à la Conférence de Malabo tenue en juillet 2011, à moins d'une année de l'expiration du délai fixé précédemment, pour achever la délimitation et la démarcation de toutes les frontières africaines. Cet objectif, pour le moins ambitieux, reste buter à des difficultés de plusieurs ordres notamment le problème de mobilisation des ressources, y compris financières, la multiplication et la dissémination des projets transfrontaliers et la diffusion limitée des informations sur le programme. Devant ces difficultés, l'Union africaine a dû se résoudre à solliciter l'apport des anciennes puissances coloniales notamment la République fédérale d'Allemagne, la France, le Portugal, l'Espagne et le Royaume-Uni pour qu'ils donnent au programme de l'Union Africaine les archives en leur disposition, documents primaires pour toute initiative de délimitation et de démarcation des frontières. Dans ce contexte, le respect de la nouvelle échéance de 2017 par les Etats africains va nécessiter probablement un recours plus fréquent à la Cour Internationale de Justice, l'opération de la délimitation et de la démarcation des frontières exigeant d'importantes ressources tant financières que scientifiques (historiques,

---

[458]Union Africaine, Unir et intégrer l'Afrique au-travers des frontières pacifiées, ouvertes et prospères. Allocution de l'ambassadeur Ramtane Lamamra, Commissaire à la paix et la sécurité l'UA pendant la célébration de la journée africaine des frontières. Addis-Abeba, 7 juin 2013, p. 5.

géographiques, géologiques, juridiques etc...) que peinent à trouver les Etats africains[459].

En fin, il convient de noter qu'avec l'établissement par le Secrétaire Général de l'ONU, en 1989, d'un fonds d'affectation spéciale destiné à aider les Etats en développement saisissant la CIJ par requête à faire face aux dépenses souvent considérables entrainées par la procédure, l'audience de la Cour en Afrique devrait accroitre.

b. Les garanties juridictionnelles d'équité offertes par la CIJ

Au nombre des garanties juridictionnelles de la Cour Internationale de Justice figure, en bonne place, le double trait caractéristique du statut des juges de la Cour à savoir l'indépendance et la compétence notoire. Pour éviter que cette consécration statutaire de l'indépendance en soit réduite à sa plus simple expression d'une bonne intention, la procédure de désignation des candidats pour l'exercice de la fonction judiciaire au sein de la Cour Internationale de Justice prévoit que les candidats soient présentées non pas directement par les gouvernements, mais par « les divers groupes nationaux de la Cour Permanente d'Arbitrage, après consultation de certaines instances nationales notamment les cours et tribunaux nationaux et les facultés de droit même si, leur élection est assurée par un vote simultané à la majorité absolue de l'Assemblée générale et du Conseil de Sécurité, organes des Nations Unies à caractère plutôt politique assurant la représentation des Etats membres »[460].

Cette indépendance connait un renforcement significatif au-travers les immunités et l'inamovibilité dont jouissent les juges de la CIJ[461]. Garantissant une égalité de traitement des parties au procès, la garantie d'indépendance des juges prend, dans le cadre du règlement du différend entre la République démocratique du Congo et l'Angola, un relief particulier dans la

---

459 *Idem*, p. 12.
460 P. DAILLIER et A., PELLET, *Op.Cit.*, p. 1146.
461 M., SINKONDO, *Op.Cit.*, p.518.

mesure où elle permet de contourner l'effet du déséquilibre des rapports des forces qui, en cas d'un règlement politique du différend par le recours à la négociation bilatérale, aurait pour résultat l'adoption plus ou moins forcée de la position de la partie la plus dominante ou, à tout au moins, un accord déséquilibré. Autant rappeler d'ailleurs que l'article 38 du Statut de la Cour Internationale de Justice lui fait obligation de ne statuer qu'en application du droit international puisqu'il affirme que sa mission « est de régler conformément au droit international les différends qui lui sont soumis ... » permettant ainsi d'entrevoir la possibilité d'une solution équitable entre les parties[462]. Dans ce sens, l'exigence de compétence constitue un complément nécessaire à la mise en œuvre effective de cette disposition statutaire.

En outre, la prérogative reconnue à la CIJ de fixer des mesures conservatoires soit par voie d'ordonnance ou même, en cas d'extrême urgence, d'office constitue incontestablement une importante garantie dans la protection des intérêts des parties en cause. Consacrée par l'article 41 du Statut de la CIJ dont la formulation est fort peu heureuse en ce qu'il dise simplement que « la Cour a le pouvoir d'indiquer, si elle estime que les circonstances l'exigent, quelles mesures conservatoires du droit de chacun doivent être prises à titre provisoire »[463], cette possibilité de prendre des mesures conservatoires a posé, dans le passé, la question de l'autorité des mesures de telle nature. PATRICK DAILLIER et ALAIN PELLET se posaient, par exemple, la question de savoir « s'il fallait faire prévaloir le caractère impératif du verbe devoir ou, au contraire, celui permissif d'une indication ». La CIJ, dans son arrêt du 27 juin 2001 dans l'affaire relative à la Convention de Vienne sur les relations consulaires, dite LaGrand qui opposait l'Allemagne aux Etats-Unis au sujet de l'exécution imminente d'un ressortissant allemand sur décision d'une juridiction américaine, avait tranché cette controverse doctrinale en décidant du caractère obligatoire des mesures conservatoires qu'elle

---

[462]Article 38 du Statut de la Cour International de Justice, in Journal Officiel de la République Démocratique du Congo, 42ème, n° spécial, mai 2001, p. 25.
[463]Article 41 du Statut de la Cour International de Justice, in Journal Officiel de la République Démocratique du Congo, 42ème, n° spécial, mai 2001, p. 21.

ordonnait et dont le non-respect devrait entrainer le déclenchement de la responsabilité internationale de l'Etat en cause[464]. L'opportunité de telles mesures se jugent à l'aune de l'imminence d'un préjudice irréparable et risquant d'aggraver le différend. Dans le cas du différend opposant la République démocratique du Congo à l'Angola, l'intérêt de la fixation des mesures conservatoires est évident pour le premier dans la mesure où l'enjeux des tractations en cours avec le second Etat consiste à négocier le départ des sociétés exploitant, sur base des contrats de partage de production signés avec l'Angola, des blocs pétroliers, les blocs 14 et 15 se situant dans le couloir maritime congolais lui permettant ainsi de faire des bénéfices plantureux tranchant radicalement avec la production de misère de la République démocratique du Congo se chiffrant à seulement 25000 barils par jour[465]. Le recours à la Cour Internationale de Justice permet donc de mettre provisoirement fin, en entente d'une décision définitive, au pillage des ressources pétrolières de la République démocratique du Congo par l'Angola, la conditionnalité de l'imminence d'un préjudice irréparable et risquant d'aggraver le conflit étant réalisée dans la mesure où l'Angola exploite à son profit une ressource fossile qui est épuisable. Ainsi, la République démocratique du Congo devrait-elle obtenir judiciairement ce qu'elle peine à obtenir depuis des années par la voie d'une démarche bilatérale déjà faussée par un déséquilibre des rapports des forces qui lui est très défavorable.

Par ailleurs, l'activité contentieuse de la CIJ s'est considérablement accrue avec l'institution des juges ad hoc et des chambres ad hoc dont l'effet est de rassurer d'avantage les Etats. S'agissant des juges ad hoc, l'article 31 du Statut de la CIJ prévoit que leur désignation peut être envisagée soit dans l'hypothèse d'un différend dans lequel soit l'un des plaideurs seulement a un juge de sa nationalité comme juge permanent soit, au contraire, dans l'hypothèse où aucune des parties ne dispose d'un juge siégeant au sein de la Cour.

---

[464]CIJ, arrêt du 27 juin 2001 dans l'affaire relative à la Convention de Vienne sur les relations consulaires, dite LaGrand qui opposait l'Allemagne aux Etats-Unis, série A/B, n°51, p. 89.

[465]J. BAFALA ITUMBALA, *Op.Cit.*, p. 45.

Dans la première hypothèse, les rédacteurs du Statut de la CIJ étaient fortement animés d'un souci de garantir une égalité entre parties au procès[466]. Toutefois, dans toutes les deux hypothèses, il s'agit de rassurer les parties, le système du juge ad hoc permettant à toutes les parties de disposer d'un des membres de la Cour, juge désigné par chaque partie, susceptible de prendre en ligne de compte son approche du problème[467]. De même, l'institution des chambres ad hoc prévues à l'article 26 paragraphe 2 ne s'écarte pas de cette optique[468].

En effet, connaissant une composition au cas par cas pour trancher un différend déterminé, ce système des chambres ad hoc a pour avantage de donner la possibilité aux parties d'influer sur la composition de l'instance de jugement. A ce sujet, l'article 17 du Règlement de la CIJ ne prévoit qu'une simple transmission par les parties de leur proposition au Président de la juridiction qui prendra ensuite la charge d'en aviser la Cour, laquelle devra se prononcer sur cette requête au scrutin secret. Il convient de remarquer qu'en général, la requête des parties est presque toujours avalisée, l'enjeu étant d'éviter que les parties ne se résolvent de recourir à un règlement arbitral. Rassurant les Etats vis-à-vis de l'institution judiciaire des Nations Unies, ce système des chambres ad hoc a été salué par la doctrine comme étant l'antichambre entre le règlement arbitral et celui judiciaire.

En fin, aux trois précédentes garanties juridictionnelles de la CIJ, il convient de greffer celle de l'article 59 du Statut de la Cour Internationale de Justice consistant à attacher, aux arrêts de la Cour, l'autorité relative de la chose jugée, c'est-à-dire obligent les parties en litige et pour le seul cas tranché. Au-delà de ce caractère obligatoire rattacher aux arrêts de la Cour, le Statut de la CIJ admet la possibilité d'un recours en interprétation ou même en révision dont la recevabilité se trouve conditionné, par l'article 61 du Statut de la Cour, à la découverte d'un fait nouveau et qui, avant le prononcé de l'arrêt, était inconnu de la Cour ainsi que de la partie demandant

[466]P. DAILLIER et A., PELLET, *Op.Cit.*, p. 1145.
[467]*Idem*, p. 1146
[468]Article 26, §2 du Statut de la Cour International de Justice, in Journal Officiel de la République Démocratique du Congo, 42ème année, n° spécial, mai 2001, p. 27.

la révision et qui est de nature à exercer une influence décisive[469]. La Tunisie, consécutivement à l'arrêt intervenu à propos de la délimitation du plateau continental l'opposant à la Libye, avait usé de cette possibilité de recours en formulant une demande en révision et en interprétation de l'arrêt du 24 décembre 1982[470].

Au final, la Cour n'avait accédé qu'à la demande d'interprétation déboutant la Tunisie sur celle de révision, faute, peut-être, au caractère trop rigide des conditions posées au Statut pour obtenir toute révision. Cette rigidité amènera la Cour à rejeter plusieurs demandes de même nature formulées successivement par El Salvador à propos de l'arrêt de 1992 qui avait réglé son différend des frontières terrestre, insulaire et maritime avec le Honduras et par la Yougoslavie dans l'affaire de l'application de la Convention pour la répression du crime de génocide qui l'opposait à la Bosnie-Herzégovine[471].

En pratique, il est à remarquer que dans la quasi-totalité des cas, les arrêts de la Cour sont effectivement mis en application par les parties au point que, depuis le début de l'activité contentieuse de la Cour, seuls les arrêts de 1949 rendu dans l'affaire du détroit de Corfou, celui de 1980 rendu dans l'affaire du personnel diplomatique des Etats-Unis à Téhéran et celui de 1986 sur les responsabilités des Etats-Unis dans les activités militaires contre le Nicaragua servent d'exemples comme arrêts dont les dispositifs n'ont pas connu d'application. Résultant d'abord du prestige d'une Cour déclarée, par l'article 92 de la Charte des Nations Unies, institution judiciaire principale des Nations Unies[472], cette inclinaison des Etats à respecter les arrêts de la Cour peut trouver explication aussi dans le renforcement juridique du caractère obligatoire des arrêts de la Cour Internationale de Justice opéré par l'article 94 paragraphe 2 de la Charte des Nations Unies disposant que « le Conseil de Sécurité, s'il le juge nécessaire, peut faire des

---

[469]Article 59 du Statut de la Cour International de Justice, *Op.Cit.*, p. 27.
[470]CIJ, arrêt du 10 décembre 1985 sur la demande en révision et en interprétation de l'arrêt du 24 février 1982 dans l'affaire du plateau continental entre la Tunisie et la Libye, série A/B, n°45, p. 125.
[471]M., SINKONDO, *Op.Cit.*, p.525.
[472]Article 92 de la Charte des Nations Unies, in Journal Officiel de la République Démocratique du Congo, 42ème année, n° spécial, mai 2001, p. 39.

recommandations ou décider des mesures à prendre pour faire exécuter l'arrêt »[473].

A considérer l'étendue des pouvoirs reconnus au Conseil de Sécurité de prendre des mesures de contrainte à l'encontre de tout Etat membre réfractaire au principe de l'application obligatoire des arrêts de la CIJ, cette disposition a été saluée par la doctrine comme la base d'un mécanisme d'exécution forcée dans les relations internationales même si, son efficacité reste théorique du fait de l'inclinaison des Etats à se soumettre aux arrêts de la Cour.

II. L'exemple concluant de règlement judiciaire du conflit de frontière entre la Haute-Volta et le Mali

Comme pour toute instance internationale appelée à trancher un différend frontalier entre Etats, la démarche de la CIJ avait consisté d'abord en un plongeon dans les origines du différend des frontières entre les deux Etats pour en déterminer les facteurs tant structurelles que simplement conjoncturelles (a). C'est ce retour préalable à l'histoire qui a permis à la Cour de rendre un arrêt parfaitement motivé le 22 décembre 1986 (b).

a. Origine et facteurs conjoncturels du conflit

Répondant parfaitement à la règle voulant que la responsabilité des puissances coloniales soit indéniable dans la survenance d'un différend territorial entre des Etats formés sur des territoires ayant fait anciennement l'objet d'occupation coloniale, le différend frontalier entre la Haute-Volta (actuel Burkina-Faso) et le Mali portait sur une région connue sous le nom de l'Agacher. A ce sujet, il importe de noter que la Haute-Volta, parmi l'ensemble des territoires constituant l'empire colonial français de la région de l'Afrique de l'ouest, est probablement le territoire qui a subi plus des mutations territoriales. Motivées souvent par des facteurs ignorant les

[473]Article 94, §2 de la Charte des Nations Unies, in Journal Officiel de la République Démocratique du Congo, 42ème année, n° spécial, mai 2001, p. 40.

intérêts et les réalités locales, ces mutations territoriales vont fortement impacté l'assise territoriale de l'ancienne Haute-Volta.

En effet, dès 1919, au fort de la colonisation française, le territoire de la Haute-Volta est créé dans le cadre d'une réforme administrative en cours dans l'empire colonial français de l'Afrique de l'ouest. Curieusement, sous prétexte des difficultés de gestion territoriale liées à la crise économique, la France avait décidé de sa suppression en procédant à la répartition de son territoire entre la Côte d'Ivoire, le Niger et le Soudan français (l'actuel Mali)[474]. En 1947, nouveau coût de théâtre, la France revenait sur sa décision antérieure en décidant du rétablissement du territoire de la Haute-Volta pour, expliquait-on, créer un poste administratif à haut fonctionnement. C'est à ce niveau qu'il convient, à l'évidence, de remonter ce différend de délimitation des frontières ayant opposé le Mali à l'ancienne Haute-Volta en ce que, comme indiqué précédemment, au moment de la disparition de l'ancienne Haute-Volta, les autorités coloniales françaises avaient procédé au rattachement, dans le cadre de la répartition du territoire de cette entité disparue, entre la Côte-d'Ivoire, le Niger et le Soudan français (actuel Mali) de la région de l'Agacher, territoire sur lequel portait le contentieux territorial alors qu'au moment de son rétablissement par ces mêmes autorités coloniales, ses limites territoriales originelles seront aussi rétablies ignorant ainsi les rattachements effectués au profit d'autres entités pendant sa brève disparition jetant une lumière particulièrement crue sur la légèreté avec laquelle les puissances coloniales ont procédé au partage de l'Afrique donnant aujourd'hui lieu à des prétentions croisées sur des territoires, cause des conflits au dénouement souvent sanglant déchirant le continent africain[475].

Ce différend de délimitation des frontières entre l'ancienne Haute-Volta et le Mali avait lui aussi virer à ce même drame de la confrontation armée au vue des intérêts économiques en cause, la région litigieuse de l'Agacher

---

[474]A., BENMESSAOUD, *Op.Cit.,p. 99.*

[475]C., ROUSSEAU, *Etat actuel des rapports de voisinage entre l'Ethiopie et l'ex-Somalie britannique*, Paris, CFI, 1986, pp.56-64.

comportant un projet de coopération sous-régional groupant la Haute-Volta, le Mali et le Niger (Liptako-Gourma) sur lequel Ouagadougou comptait beaucoup pour rentabiliser son exploitation minière. Toutefois, du fait du risque que ce projet ambitieux faisait courir à l'économie du Mali, ce projet, à l'évidence, ne pouvait avoir les faveurs de ce dernier[476].

En outre, au plan de la géopolitique de la sous-région de l'Afrique occidentale, l'on ne peut ignorer l'impact des luttes de positionnement auxquelles se livraient les Etats de la sous-région. L'on connait, par exemple, l'hostilité du Nigéria face à la création de la Communauté Economique de l'Afrique de l'Ouest (CEAO). Inspirée par Houphouët Boigny de la Côte d'Ivoire et Senghor du Sénégal, cette organisation sous-régionale regroupait uniquement des Etats francophones à ce compromis l'ancienne Haute-Volta et le Mali[477]. La curieuse coïncidence entre le moment de l'entrée en phase opérationnelle de la Communauté Economique de l'Afrique de l'Ouest et celui de la mise en œuvre de la Communauté Economique des Etats de l'Afrique de l'Ouest dont le patronage était assuré par le Nigéria est, à bien des égards, révélateur de cette hostilité nigériane vis-à-vis de la Communauté Economique de l'Afrique de l'Ouest. A l'évidence, le Nigéria tirait profit de ce conflit territorial qui avait pour effet de fragiliser l'organisation rivale de celle qu'il patronnait, la CEAO, à laquelle les deux Etats étaient membres.

b. Haute-Volta et Mali : Un compromis pour un règlement devant la CIJ

Les relations bilatérales entre les deux Etats qui avaient connu un fort refroidissement commençaient, peu à peu, à se réchauffer avec l'avènement de Thomas SANKARA au faîte du

[476]G., SOME, *Un exemple de conflit frontalier : Le différend entre la Haute-Volta et le Mali,* Paris, L'Harmattan, 2002, pp.332-340.

[477]La Il convient de noter que la création de la CEAO le 22 juin 1972 à Bamako répondait plutôt aux besoins d'exportations des industries naissantes de la Côte d'Ivoire et du Sénégal. Dans ce contexte de rude concurrence entre Etats de la sous-région pour avoir une emprise sur le marché ouest-africain, le Nigéria va jouer de son influence pour la création d'une autre zone économique, la Communauté Economique des Etats de l'Afrique de l'Ouest le 28 mai 1975 à Lagos.

pouvoir dans l'ancienne Haute-Volta. Panafricaniste dans l'âme, le charismatique révolutionnaire du « pays des hommes intègres » qui considérait d'ailleurs que « les peuples malien et voltaïque sont les mêmes et n'ont pas besoin de frontières… et, s'il ne tenait qu'à lui, il faudrait supprimer toutes les frontières africaines » abordait, en effet, cette question, d'une aussi grande délicatesse, sans passion[478]. Aussi va-t-il peu après son avènement au pouvoir s'orienter vers un règlement pacifique au-travers la signature, avec son homologue malien Moussa Traoré, du compromis juridictionnel du 17 septembre 1983 en vertu duquel, les parties déféraient leur différend devant une chambre de la Cour Internationale de Justice[479].

Profitant de l'assouplissement de la rigidité traditionnelle des règles de procédure dans un règlement judiciaire classique que laisse entrevoir le Statut de la CIJ en donnant la possibilité aux parties à la fois, dans le cadre d'un compromis juridictionnel, d'indiquer à l'instance de jugement le droit applicable et d'influer sur la composition de la Cour par la requête pour la constitution des chambres ad hoc, les deux Etats vont dès le préambule de leur compromis souligner que le règlement de leur litige devait être « fondé notamment sur le respect du principe de l'intangibilité des frontières héritées de la décolonisation » et obtenir de la Cour l'ordonnance du 3 avril 1983 qui avait institué une chambre de cinq membres.

Toutefois, comme le faisait remarquer ABDELMOUGHIT BENMESSAOUD dans son « Intangibilité des frontières coloniales et espace étatique en Afrique », nonobstant le fait que l'arrêt rendu le 22 décembre 1986, le tout premier rendu par la Cour International de Justice pour régler un différend frontalier terrestre opposant deux Etats africains, énonce « parmi les règles applicables et les sources du droit que les parties revendiquent, le principe de l'intangibilité des frontières héritées de la colonisation et le principe de l'uti possidetis juris comme fondements juridiques pris en compte par la Cour pour régler ledit litige, force est de constater que les

---

[478]T., SANKARA, cité par A., BENMESSAOUD, *Op.Cit.,p. 79.*

[479]A., BENMESSAOUD, *Op.Cit.,p. 89.*

résultats de l'arrêt ne traduisent pas parfaitement ces principes »[480].

En effet, dans le souci majeur de ne heurter aucune des parties au différend au vue de l'imprécision et de l'incohérence des cartes et des traités coloniaux de délimitation des frontières passés entre les anciennes puissances coloniales, la CIJ va procéder à un tracé territorial comportant des modifications par rapport aux frontières héritées par les deux Etats au moment de leur indépendance en 1960. Qualifié souvent de « jugement de Salomon » en raison, sans doute, d'une certaine dose de sagesse dont il est emprunt, l'arrêt du 22 décembre 1986 avait fait l'objet d'un concert de satisfactions de la part de toutes les parties au procès[481]. La satisfaction du ministre de la sécurité et de l'administration territoriale du Burkina–Faso, Emsett Ouedrago était manifeste, lorsqu'il déclarait que « désormais, un document juridique fixe notre frontière. Il faut tourner la page, j'espère que cela sera définitif ». Pour leur part, les chefs d'Etat de deux Etats ne resteront sans réaction. Tout en se félicitant des dispositifs de cet arrêt, ils émettaient, néanmoins, le souhait que ce nouveau tracé territorial ne revête pas, pour faciliter les échanges transnationaux, un caractère hermétique[482].

Au demeurant, il sied de reconnaitre que les traités de délimitation des frontières passés entre puissances coloniales dans le cadre de l'occupation coloniales de l'Afrique demeurent, jusqu'ici, des sources primaires de tout procédé de délimitation territoriale. Au caractère parfois déséquilibré, traduction des rapports de force en vigueur de cette époque de la conquête coloniale, ces traités de délimitation des domaines coloniaux respectifs de chaque puissance coloniale sont, à bien égards, à la base des situations d'inégalité entre certains Etats africains dans leur droit d'extension en mer, certains étant des Etats sans littoral, d'autres étant des Etats côtiers et d'autres encore ayant un statut intermédiaire, les Etats

[480] *Idem., p. 78.*

[481] J.A., FRALON, « Le conflit entre le Mali et le Burkina-Faso : Jugement de Salomon à la Cour de la Haye », *Le Monde*, 24 décembre 1986, pp.23-26.

[482] Ces différentes prises de position des plus hautes autorités de ces deux Etats ont été citées par A., BENMESSAOUD, *Op.Cit., p. 99.*

géographiquement désavantagés. Le cas de l'Angola et de la République démocratique du Congo illustre bien cette triste réalité.

Néanmoins, emprunt d'un certain esprit d'équité, le droit de la mer permet, fort heureusement, de contourner cette infortune de l'histoire. Le bénéfice que peut tirer la République démocratique du Congo de cette consécration juridique du principe de l'équité comme règle cardinale de toute délimitation des frontières maritimes entre Etats est fonction de l'adaptation du choix du mode de règlement de ce différend de délimitation des espaces maritimes entre les deux Etats au contexte historique et surtout politique du différend.

Conclusion

Le retour historique, modeste soit-il, opéré dans ces quelques lignes sur la démultiplication phénoménale des enjeux de la mer dont l'effet a été de sortir la mer de son carcan originaire de voie des communications facilitant les échanges commerciaux entre Etats la présentant également sous sa nouvelle dimension de réservoir des ressources tant halieutique, minière (le sel, le diamant, les terres rares, nickel, or, cuivre, étain, cobalt etc.) qu'énergétique (gaz et pétrole)[483], nous a permis de confirmer que la consécration juridique de l'extension de la juridiction des Etats en mer effectuée par la Convention des Nations Unies sur le droit de la mer qui s'en est suivi sur pression des nouveaux Etats remettant en cause le régime traditionnel de la liberté de la mer leur faisant redouter, à raison, une confiscation de la mer par les puissances maritimes occidentales disposant d'équipements appropriés pour la mise en valeur des ressources maritimes est à la base des revendications étatiques croisées en mer opposant plusieurs Etats actuellement. En droit clairvoyant, la Convention de Montego Bay sur le droit de la mer du 10 décembre 1982 prévoit non seulement les mécanismes de résolution des différends entre Etats mais aussi énonce des règles pertinentes de délimitation des frontières maritimes pour chaque cas d'espèce. Instrument juridique inséré dans un ordre conventionnel international fortement marqué par la répudiation générale du recours à la force armée, la Convention de Montego Bay sur le droit de la mer de 1982 impose à ses Etats parties de recourir à des mécanismes pacifiques pour régler leurs différends puisque son article 279 est ainsi libellé : « les Etats parties règlent tout différend surgissant entre eux à propos de l'interprétation ou de l'application de la convention par des moyens pacifiques conformément à l'article 2, paragraphe 3 de la Charte des Nations Unies et, à cette fin, doivent en rechercher

[483]G., CHOURAQUI, *Op.Cit.*, p. 45.

la solution par des moyens indiqués à l'article 33, paragraphe 1, de la Charte »[484].

C'est sur fondement de cette disposition de la Convention de Montego Bay prévoyant une kyrielle des procédés tant juridictionnels (mécanisme judiciaire et arbitrage) que non-juridictionnels (négociation, médiation, conciliation et enquête) que la République démocratique du Congo et l'Angola, Etats parties à la Convention de Montego Bay de 1982 et, de surcroit, membres des Nations Unies, ayant des prétentions croisées sur des espaces maritimes, particulièrement sur le plateau continental de la côte Atlantique regorgeant une importante réserve en ressources pétrolières, ont fait le choix de la négociation bilatérale.

Toutefois, comme nous l'avons précédemment indiqué, l'issue d'un processus de négociation bilatérale en termes de prise en compte des intérêts de différentes parties dans les stipulations de l'accord est fonction des rapports de force entre parties. Or, la coopération bilatérale entre les deux Etats reste fortement marquer d'un seau de prédominance angolaise.

En effet, l'Angola, au côté des partenaires traditionnels de la République démocratique du Congo, constitue une pièce maitresse dans la formation des forces de défense et de sécurité et, en général, dans l'ambitieux programme de la réforme du système de sécurité de la République démocratique du Congo. Ce soutien angolais devrait d'ailleurs prendre un nouvel élan avec la signature de l'accord tripartite de coopération militaire de Luanda du 24 août 2013 entre l'Angola, la République démocratique du Congo et l'Afrique du Sud prévoyant un volet important concernant la formation des Forces armées de la République Démocratique du Congo. Qui plus est, dans le contexte géopolitique de l'Afrique centrale où la République démocratique du Congo semble être le ventre mou, un géant aux pieds d'argile victime des convoitises et des velléités déstabilisatrice et conquérante de la part de certains Etats limitrophes, particulièrement le Rwanda et l'Ouganda[485],

[484]Article 279 de la Convention des Nations Unies sur le droit de la mer de 1982, in Journal Officiel de la République Démocratique du Congo, 42ème année, n° spécial, mai 2001, p. 40. , p.50.
[485]O., LANOTTE, *Op.Cit.*, pp. 258-265.

l'Angola joue un rôle de bouclier protecteur de la République démocratique du Congo pour des raisons évidentes liées à sa propre sécurité intérieure, toute déstabilisation de cette dernière pouvant, en effet, provoquer l'implantation sur son territoire des terreaux favorables au développement des activités des groupes armés hostiles au régime en place en Angola[486]. A cet égard, l'entrée en action foudroyante mais limitée des Forces armées angolaises dans la province du Bas Congo au plus fort de la guerre d'agression contre la République démocratique du Congo en 1998 visant tout à la fois à freiner l'inexorable avancée de la coalition armée rwando-ougandaise vers Kinshasa et la destruction des bases arrières de l'UNITA alors fortement implantées dans cette province frontalière de l'éponge pétrolière de Cabinda ne laisse place à aucun doute[487].

Par ailleurs, au plan purement diplomatique, l'Angola constitue un précieux soutien de la République démocratique du Congo au sein des instances régionales dans le cadre de la résolution de la crise sécuritaire frappant principalement le Nord et le Sud Kivu permettant ainsi une intégration des positions défendues par la République démocratique du Congo dans les résolutions prises au sein de ces instances[488].

Cette forte prédominance angolaise vis-à-vis de la République démocratique du Congo influe négativement sur les négociations engagées entre les deux Etats pour délimiter leurs frontières maritimes en ce qu'elle fausse le jeu de la négociation aboutissant souvent à des accords déséquilibrés tel celui du 30 juillet 2007 localisant d'emblée, en violation des articles 74 et 83 de la Convention de Montego Bay, la zone d'intérêt commun qu'elle crée en territoire angolais alors que la stricte application des principes édictés par le droit international qui, en permettant de pallier l'infortune de l'histoire de la délimitation coloniale des frontières de la République démocratique du Congo comme indiqué précédemment, devait situer cette zone en territoire maritime congolais. Faisant l'objet d'une occupation de fait par l'Angola, les règles de répartition des recettes issues de son

[486]C., BRAECKMAN, *Op.Cit.*, pp. 321-325.
[487]Idem, p. 361.
[488]J.C., WILLAME, *Op.Cit.*, pp. 154-150.

exploitation que tente d'imposer ce dernier Etat à la République démocratique du Congo lui accorde la part du lion puisque, selon l'Angola seuls 20% des revenus tirés de l'exploitation du champ pétrolier de N-GAGE, la plus riche de la zone d'intérêt commun, peut faire l'objet d'une répartition à parts égales avec la République démocratique du Congo, les 80% restant devant être répartis entre l'Etat angolais et les multinationales pétrolières exploitant la zone sur base des contrats de partage de production signés avec ce dernier sous prétexte de ne pas porter atteinte aux droits acquis de ces sociétés!

Dans ce contexte, le règlement judiciaire est la seule alternative pour aboutir à un règlement équitable de ce différend de manière à prendre en ligne de compte les intérêts légitimes de la République démocratique du Congo jusqu'ici ignorer par les différents accords passés entre les deux parties qui ne semblent être que des supports conventionnels à la délimitation maritime unilatérale effectuée par l'Angola ignorant le droit reconnu à la République démocratique du Congo[489], conformément au droit international, de procéder à l'extension de sa juridiction sur les espaces maritimes adjacents à sa côte Atlantique quoique ne représentant que 40 km en raison de sa configuration particulière liée aux traités de délimitation territoriale passés entre l'Association Internationale du Congo et les puissances coloniales de l'époque (Portugal et France)[490].

En effet, la procédure de règlement des différends devant la Cour Internationale de Justice apporte un certain nombre des garanties susceptibles de surmonter le déséquilibre des rapports de force qui, dans la négociation bilatérale classique, ne peut qu'aboutir au dictat de la partie dominante, en l'espèce, l'Angola. Au nombre de ces garanties figure en bonne place l'indépendance des juges permettant d'entrevoir, lorsqu'elle est combinée avec la compétence notoire de ceux-ci, une application rigoureuse des règles de droit international pour une délimitation équitable de nos frontières maritimes avec l'Angola prenant en compte les intérêts de la République

---

[489]S., BULA-BULA, *Op.Cit.*, p. 12
[490]J., STENGERS, *Op.Cit.*, pp. 256-260.

démocratique du Congo[491]. A côté de cette garantie d'indépendance se greffe la possibilité ouverte aux parties de procéder à la désignation d'un juge ad hoc, possibilité qui rassure, sans conteste, la République démocratique du Congo quant à la prise en compte de son approche juridique du problème même si, au plan statutaire, le juge ad hoc reste indépendant[492].

De plus, au plan des pouvoirs reconnus à la Cour Internationale de Justice, la possibilité dont elle dispose de fixer des mesures conservatoires présente un intérêt certain pour la République démocratique du Congo qui peine à obtenir par la négociation bilatérale le départ des sociétés multinationales pétrolières exploitant la zone d'intérêt commun sur base des contrats de partage de production passés avec l'Angola alors qu'en réalité, cet espace se situe en territoire maritime congolais[493]. L'obtention de la fixation des mesures conservatoires par la Cour est d'autant plus évidente que la seule conditionnalité imposée à l'Etat demandeur pour la prise de telles mesures est la preuve de l'existence d'une situation pouvant avoir pour effet d'aggraver le différend. Or, il est certain que l'exploitation par l'Angola d'une ressource fossile à caractère épuisable, le pétrole, dans une zone maritime litigieuse entre les deux Etats est un facteur d'aggravation du différend.

Par ailleurs, le caractère obligatoire et définitif rattaché aux arrêts rendus par la Cour Internationale de Justice par l'article 59 de son Statut tranche radicalement avec l'instabilité des accords résultant du règlement politique d'un différend de délimitation des frontières parfois remise en cause sous l'effet des pesanteurs politiques nationaux notamment le changement de régime politique comme le démontre plusieurs études menées sur les conflits des frontières en Afrique notamment par le politologue Boutros-Boutros Ghali [494]. Cette obligation

[491] P. DAILLIER et A., PELLET, *Op.Cit.*, p. 1125.

[492] *Idem*, p.1130.

[493] Article 41 du Statut de la Cour Internationale de Justice, in Journal Officiel de la République Démocratique du Congo, 42ème année, n° spécial, mai 2001, p. 24.

[494] Article 59 du Statut de la Cour Internationale de Justice, in Journal Officiel de la République Démocratique du Congo, 42ème année, n° spécial, mai 2001, p. 25.

statutaire imposée aux parties au procès se trouve d'ailleurs juridiquement renforcer par l'article 94 paragraphe 2 de la Charte des Nations Unies disposant que « le Conseil de Sécurité, s'il le juge nécessaire, peut faire des recommandations ou décider des mesures à prendre pour faire exécuter l'arrêt » même si, cette disposition n'a pas jusqu'ici connu d'application, les Etats parties au procès devant la Cour Internationale de Justice, au regard du prestige dont jouit la Cour en tant qu'instance judiciaire principale de l'ONU (article 92 de la Charte de l'ONU) se soumettant presque toujours au verdict de cette instance onusienne[495]. Autant rappeler d'ailleurs ici que depuis sa mise en place dans les années quarante, seuls trois arrêts ont souffert d'un manque d'application par les parties au procès (l'arrêt de 1969 rendu dans l'affaire du détroit de Corfou, celui de 1980 rendu dans l'affaire du personnel diplomatique des Etats-Unis à Téhéran et celui de 1986 sur les responsabilités des Etats-Unis dans les activités militaires contre le Nicaragua)[496].

En outre, l'obtention, par la République démocratique du Congo, d'un arrêt favorable à son approche juridique de ce problème de délimitation maritime avec l'Angola devrait consacrer une reconnaissance internationale de son titre territorial en mer. Dès lors, l'insécurité juridique qui s'en suivrait pour des sociétés pétrolières exploitant des champs pétroliers situés dans l'espace maritime congolais mais faisant jusqu'ici l'objet d'une occupation de fait par l'Angola va les contraindre, pour sécuriser leurs investissements, à contracter avec la République démocratique du Congo. Ainsi, la République démocratique du Congo se renforcera-t-elle du soutien des Etats dont ces sociétés détiennent la nationalité, des grandes puissances occidentales qui, dans le cadre du capitalisme marchand, ont toujours cherché à créer des conditions propices pour assurer la prospérité de leurs entreprises partout dans le monde. De ce point de vue, le règlement judiciaire devant la CIJ est susceptible de permettre

---

[495]P., DAILLIER et A., PELLET, *Op.Cit.*, pp. 1141-1152.
[496]M., SINKONDO, *Op.Cit.*, pp. 89-92.

un rééquilibre des rapports de force favorable à la prise en compte des intérêts de la République démocratique du Congo.

En définitive, la crainte souvent exprimée de voir le recours au procédé judiciaire porter un coup à la coopération bilatérale entre la République démocratique du Congo et l'Angola ne nous parait pas pertinent dans la mesure où non seulement les deux Etats ont ratifié la Convention de Montego Bay prévoyant, en cas d'échec de la négociation bilatérale, le recours aux mécanismes juridictionnels mais aussi parce que les deux Etats entretiennent une coopération mutuellement avantageuse dans tous les domaines qu'il s'agisse de la sécurité, de la politique ou de l'économie à tel point qu'aucun de ces Etats n'a intérêt à un refroidissement de leurs relations bilatérales[497]. A titre d'exemple, la coopération sécuritaire permettant à la République démocratique du Congo de bénéficier notamment d'un soutien angolais pour la mise en œuvre de la réforme de son système de sécurité est aussi bénéfique pour l'Angola en ce qu'elle permet d'assurer la stabilité de la République démocratique du Congo, une stabilité conditionnant, dans une certaine mesure, la sécurité intérieure de l'Angola.

[497] E., MANA MBUMBA, *Op.Cit.*, p. 120-122.

Postface

Dans la partie introductive d'un brillant ouvrage qu'il consacre à la problématique de la responsabilité de l'Etat du fait de la guerre sous le titre de : « Les réparations de guerre en droit international public. La responsabilité internationale des Etats à l'épreuve de la guerre », le Professeur Pierre d'ARGENT écrit : « Le développement le plus significatif qu'a connu le droit des gens au cours de son histoire est, plus que probablement, ce qu'il convient d'appeler la mise hors la loi de la guerre. Il n'est pas interdit de penser que celle-ci fut la condition de l'émergence d'un véritable système juridique international, tant le droit ne peut en principe s'accommoder de la prétention de ses sujets à user de la violence de manière absolument discrétionnaire et privative ».

Cette répudiation du recours à la force armée dont la légitimité, avant la conclusion du Pacte Briand-Kellogg, a été longtemps défendue comme moyen, à la disposition de chaque Etat, pour défendre ses intérêts dans une société internationale où une simple divergence d'intérêts se conjuguait très souvent en termes de confrontation brutale, devait revêtir la forme d'une déclaration d'intention digne du cimetière des espoirs dessus de l'humanité sans une alternative permettant un règlement pacifique des différends entre Etats, à considérer seulement les faveurs dont jouissait le recours à la force armée de la part des théoriciens de la guerre. Carl Von CLAUSEWITZ, par exemple, un des stratèges de référence du monde occidental, qualifiait la guerre de « véritable instrument politique ».

Pour éviter cette triste éventualité d'une interdiction simplement déclaratoire, les rédacteurs de la Charte des Nations Unies ont eu la justesse de proposer aux Etats membres des mécanismes pacifiques de règlement des différends pouvant les opposer puis que l'article 33 paragraphe 1 de la Charte des Nations Unies est ainsi libellé : « Les parties à tout différend dont la prolongation est susceptible de menacer le maintien de la paix et de la sécurité internationales, doivent en rechercher la solution, avant tout, par voie de négociation, d'enquête, de médiation, de conciliation, d'arbitrage, de règlement judiciaire, de recours aux organismes ou accords régionaux, ou par d'autres moyens pacifiques de leur choix ». A la lecture attentive de cette disposition de la Charte, il ressort une double subdivision des modes pacifiques de règlement des différends en ceux non-juridictionnels (négociation, enquête, médiation et conciliation) et ceux juridictionnels (arbitrage et règlement judiciaire).

Adoptée dans un environnement juridique international plus tôt hostile à tout recours à la force armée, la Convention de Montego Bay, en référence à cet article, impose à ses Etats parties de recourir à ces mécanismes pacifiques de règlement des différends pour le règlement de leurs différends de délimitation de leurs espaces maritimes respectifs. Fruit d'un compromis entre la logique traditionnelle de la liberté et celle, plus récente, de l'appropriation étatique portée par les Etats en développement dans le contexte d'une mutation de la mer de son statut originaire de voie de communication pour devenir un réservoir des ressources tant énergétiques que minières aiguisant les appétits des Etats, la Convention de Montego Bay est donc un élément permettant la stabilité du système international.

Toutefois, l'efficacité de chaque mode de règlement des différends, en termes d'aptitude à conduire à des résultats emprunts d'équité, est fonction de son adéquation avec chaque cas d'espèce. Mobilisant ses compétences d'universitaire acquises comme apprenant en DES à l'Université de Kinshasa en parachèvement d'un cursus universitaire entamé à l'Université Catholique du Congo, Darwin KAMBALE ISEMUGHOLE soumet à sa grille de lecture de chercheur en droit international le règlement du différend de délimitation des espaces maritimes entre la République démocratique du Congo et l'Angola sur la côte Atlantique en faisant de cette question de l'adéquation entre le choix du mode de règlement du différend et le contexte politique et historique du différend le véritable nœud de sa problématique.

Sans verser dans une énumération purement arithmétique de différents modes de règlement des différends, l'auteur s'attache plus tôt à faire une évaluation critique du procédé bilatéral de règlement de ce différend de délimitation des espaces maritimes qui a les faveurs de deux protagonistes depuis 1981. Sans doute, la problématique de la délimitation des espaces maritimes entre la République démocratique du Congo et l'Angola a-t-elle déjà été abordée, mais c'est le plus souvent en mettant en exergue l'étendue des enjeux en termes de réserves en hydrocarbure ou, plus rarement, en mettant en avant le caractère déséquilibré des accords passés entre parties, le dernier en date étant l'Accord du 30 juillet 2007 portant création d'une zone d'intérêt commun entre la République démocratique du Congo et l'Angola. On peut donc légitimement reconnaître à l'auteur le mérite d'avoir été parmi les pionniers à poser, à si grande échelle, dans une étude concrète, cette problématique de la pertinence du règlement bilatéral de ce différend entre les deux Etats, relevant que la condition sine qua non de l'équité du processus de la négociation bilatérale est l'équilibre des rapports de force entre parties.

Or, comme le souligne l'auteur, prenant argument d'une analyse minutieuse de la relation bilatérale entre la République démocratique du Congo et l'Angola, les rapports de force entre les deux Etats sont marqués d'une emprunte de forte prédominance angolaise, l'Angola étant non seulement l'un des partenaires importants dans le processus de la réforme du système de défense et de sécurité de la République démocratique du Congo notamment en assurant la formation des unités combattantes des Forces armées de la République démocratique du Congo mais aussi, s'il faut emprunter les mots à l'auteur, « un bouclier protecteur » de la République démocratique du Congo contre les velléités déstabilisatrice et conquérante de ses voisins de l'Est (Rwanda et Ouganda). D'où la conclusion, sans appel, à laquelle aboutit l'auteur : le résultat d'un processus de négociation entre les deux Etats ne peut aboutir qu'à un diktat de l'Angola, exhumant à l'appui de sa thèse, les différents accords passés entre les deux Etats, puis successivement dénoncés par la République démocratique du Congo du fait de leur caractère déséquilibré.

La pertinence de cet ouvrage serait tout à fait discutable si l'auteur ne se contentait que d'une simple remise en cause de la négociation bilatérale sans proposition d'une alternative.

Aussi, s'étant abondamment nourri des mamelles de la jurisprudence internationale en matière de délimitation des frontières notamment celle de la CIJ concernant le différend frontalier entre le Mali et la Haute-Volta (Burkina-Faso) et celles arbitrales des différends frontaliers ayant opposé d'une part, la Guinée Conakry à la Guinée Bissau et la Guinée Bissau au Sénégal ainsi que de la doctrine du droit international, l'auteur penche pour un règlement judiciaire en déférant le différend au jugement de la Cour Internationale de Justice.

Pour justifier cette préférence vis-à-vis du règlement judiciaire par le recours à la Cour Internationale de Justice, l'auteur évoque les garanties juridictionnelles offertes par la Cour comprenant non seulement l'indépendance, trait caractéristique du statut des juges de la Cour Internationale de Justice, qui permet un dépassement de la situation de déséquilibre des rapports de force défavorable à la prise en compte des intérêts légitimes de la République démocratique du Congo dans l'hypothèse d'un règlement bilatéral classique, les arrêts de la CIJ se rendant en conformité aux principes édictés par le droit international, mais aussi la possibilité qu'a la CIJ de prendre des mesures conservatoires, l'institution des juges ad hoc et des chambres ad hoc et la force obligatoire attachée aux arrêts de la Cour Internationale de Justice. Ces garanties juridictionnelles de la Cour Internationale de Justice permettent d'entrevoir un règlement équitable du différend de délimitation du plateau continental entre la République démocratique du Congo et l'Angola.

C'est à ce niveau que cet ouvrage se révèle être un appréciable instrument pratique à l'adresse des acteurs institutionnels en vue d'effectuer un choix éclairé d'un mode de règlement des différends qui garantisse la prise en compte des intérêts d'extension en mer de la République démocratique du Congo, mais aussi une riche et utile source d'informations techniques, historiques et juridiques pour les chercheurs en droit international maritime du fait de l'abondante et pertinente bibliographie et de nombreuses références qu'il contient. Je vous le recommande donc vivement.

Jean-Désiré INGANGE wa INGAGNE,
Professeur de droit public

Annexes

Figure 1. Limite extérieure du plateau continental de la RDC dans la région du Golfe de Guinée

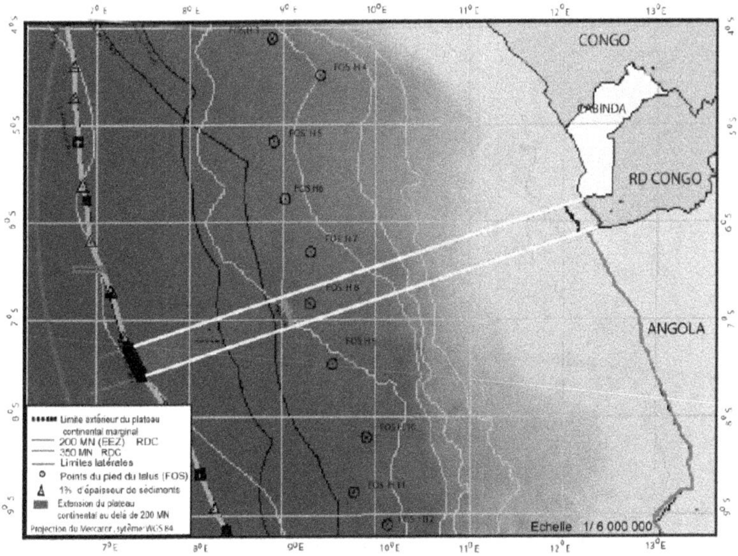

Source : Commission Nationale d'Etudes du Plateau Continental de la République Démocratique du Congo

Figure 2. Détails des lignes déduites des formules utilisées pour déterminer la limite extérieure du plateau continental de la RDC au-délà de 200 milles marins

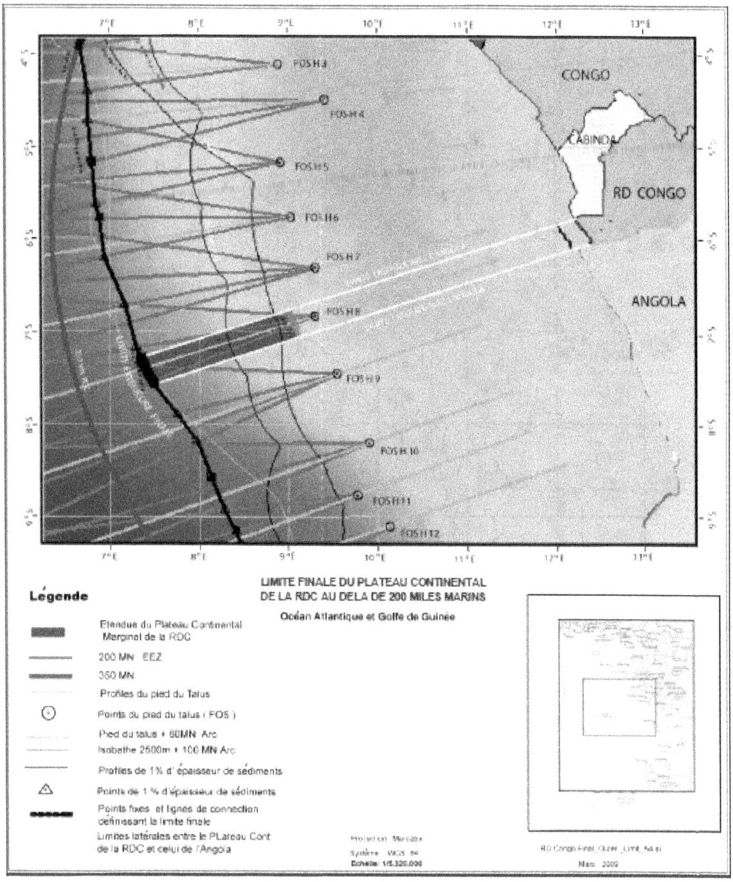

Source : Commission Nationale d'Etudes du Plateau Continental de la République Démocratique du Congo

Figure 3. Carte de la République Démocratique du Congo

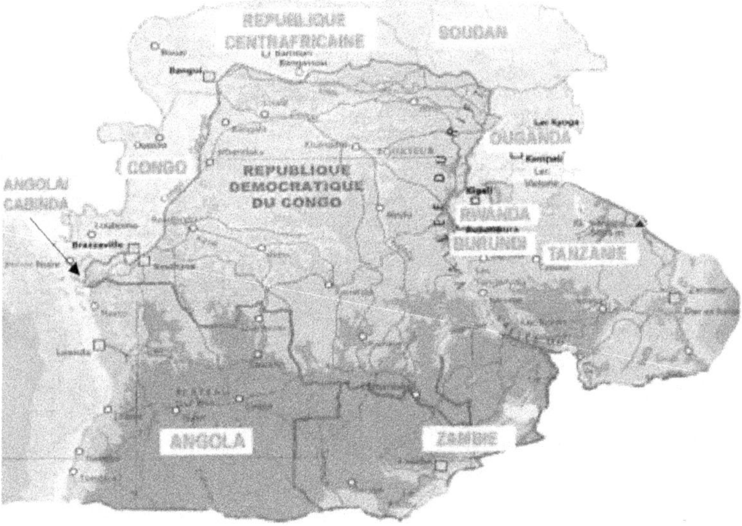

Source : Commission Nationale d'Etudes du Plateau Continental de la République Démocratique du Congo

Figure 4. Localisation des points fixes marquant la limite du rebord extérieur du plateau continental de la RDC

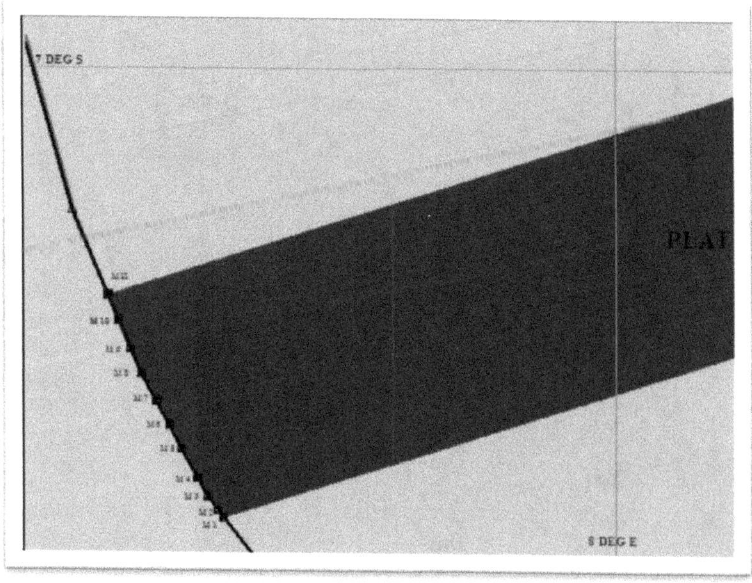

Source : Commission Nationale d'Etudes du Plateau Continental de la République Démocratique du Congo

Figure 5. Carte des grandes voies de communication maritime internationale

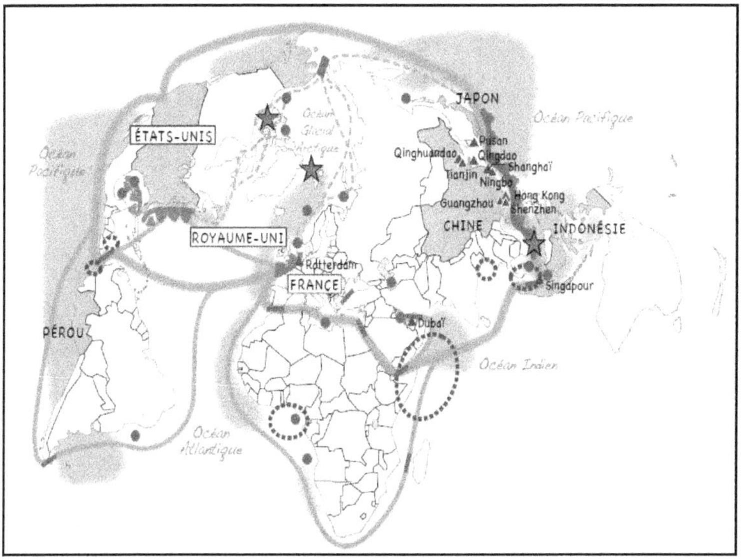

Source : NATHAN

Figure 6. Carte de l'Afrique

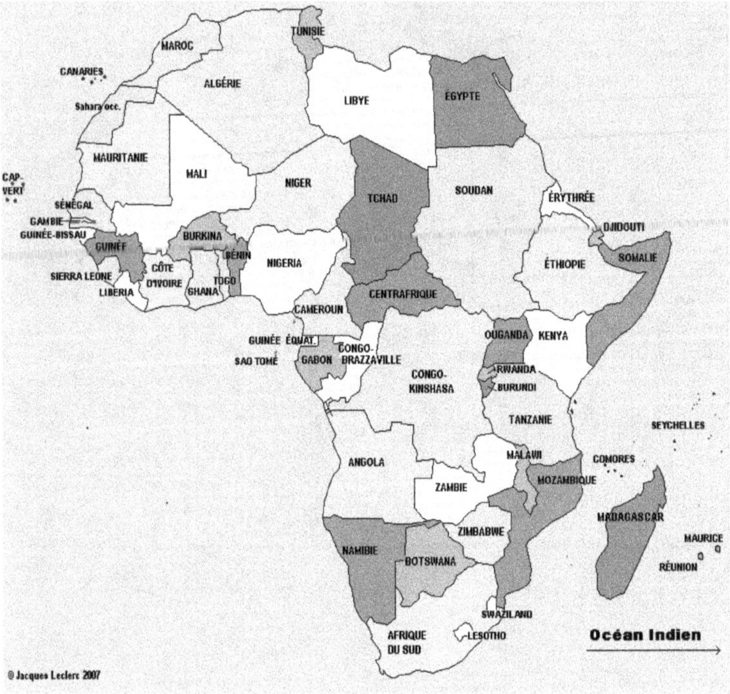

Source : NATHAN

Figure 7. Représentation graphique des zones maritimes sous juridiction nationale et internationalisées

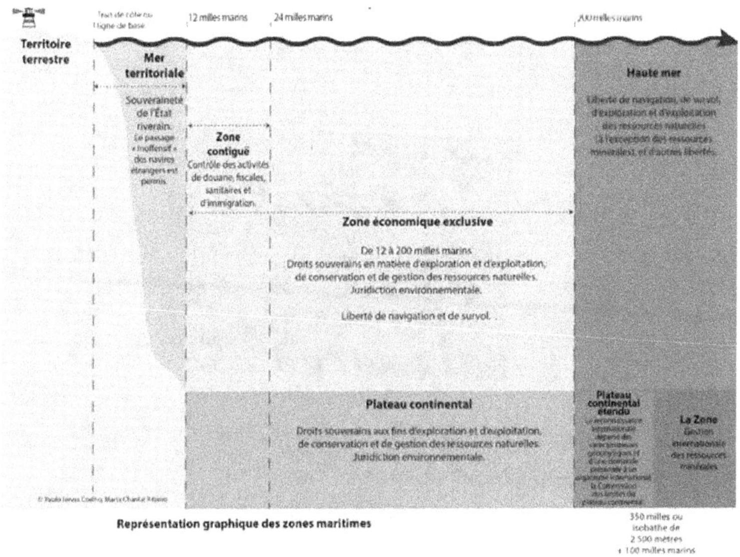

Source : NATHAN

République Démocratique du Congo

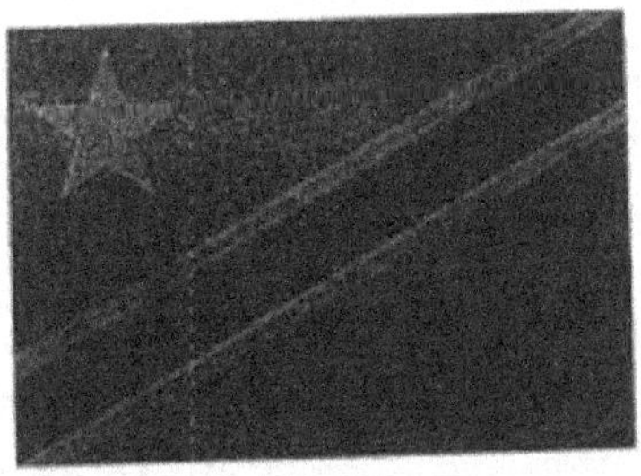

ACCORD SUR L'EXPLORATION ET LA PRODUCTION DES HYDROCARBURES DANS UNE ZONE MARITIME D'INTERET COMMUN

ENTRE

LA REPUBLIQUE DEMOCRATIQUE DU CONGO

ET

LE GOUVERNEMENT DE LA REPUBLIQUE D'ANGOLA

Le Gouvernement de la République Démocratique du Congo, d'une part ;

Et

Le Gouvernement de la République d'Angola, d'autre part,

Ci-après dénommés « Parties »

Considérant les liens historiques d'amitié, de solidarité et de bon voisinage existant entre les peuples et les gouvernements des deux pays ;

Considérant la volonté politique des Chefs d'Etat de la République Démocratique du Congo et de la République d'Angola ainsi que la détermination des gouvernements des deux pays de promouvoir une coopération économique fructueuse ;

Considérant la nécessité, pour les deux pays, de créer des conditions favorables à l'exploration et à la production des hydrocarbures dans une Zone maritime pétrolière d'intérêt commun

Il a été convenu et arrêté ce qui suit :

ARTICLE 1[ER]

Il est créé une Zone d'Intérêt Commun, en sigle « ZIC », entre la République Démocratique du Congo et de la République d'Angola.

La ZIC est située dans la région maritime comprise entre le Nord du bloc 1, le Sud du bloc 14, le Nord du bloc 15 et le Nord du bloc 31 des concessions pétrolières angolaises telle que définie en annexe au présent Protocole d'accord.

Les parties envisagent également la création d'une ou plusieurs autres Zones d'intérêt commun dans l'espace maritime.

ARTICLE 2

La ZIC comprend les leads, prospects et gisements, présents et futurs, qu'ils soient en phase d'exploration, de développement, à cheval, en exploitation, rendus et/ou abandonnés.

ARTICLE 3

La répartition des intérêts entre les parties dans la ZIC se présente de la manière suivante :

République Démocratique du Congo : 50%

République d'Angola : 50%

ARTICLE 4

Les parties conviennent également de ce qui suit :

- Concernant les prospects forés existants sur la ZIC au moment de la signature du présent Protocole d'accord, la République Démocratique du Congo procédera au remboursement des charges déjà engagées au prorata de ses intérêts et selon les modalités à convenir ;
- Concernant les prospects et les gisements à cheval entre la ZIC et les concessions angolaises du Nord et du Sud, des Accords d'unitisation seront signés.
- Les leads et les gisements à cheval à découvrir viendront modifier le tracé de la ZIC.

ARTICLE 5

La participation des opérateurs dans l'association sera répartie de façon égale entre les parties.

ARTICLE 6

Les modalités de répartition des intérêts détenus par la République Démocratique du Congo et l'Angola dans la ZIC entre les Sociétés nationales (Cohydro et Sonangol) et des investisseurs nationaux privés seront arrêtés par les deux parties.

ARTICLE 7

Les deux parties désigneront chacune cinq (5) Experts qui se chargeront, dans le mois suivant la ratification du présent Protocole d'accord, de dresser les termes de référence des modalités de partenariat pour l'exploration et l'exploitation de la ZIC.

ARTICLE 8

Les Parties s'engagent à faire ratifier, selon les procédures propres à chacun des pays, le présent Protocole d'Accord dans les six (6) mois suivant sa signature.

ARTICLE 9

Le présent Protocole d'Accord est régi par le droit international.

Les Parties s'accordent de rechercher des solutions amiables pour résoudre tout litige né de son application. Toutefois, en cas de désaccord persistant, elles vont recourir à l'arbitrage suivant les règles de la Commission des Nations Unies pour le Droit Commercial International.

L'arbitrage se déroulera devant trois arbitres dont deux désignés par chacune des parties et le troisième conjointement par elles. En cas de désaccord pour la désignation du troisième arbitre, le Président de la Chambre de Commerce International de Paris y pourvoit.

Le lieu de l'arbitrage est sera fixé de commun accord entre les parties.

ARTICLE 10

Le présent Protocole d'accord prendra fin par l'achèvement des travaux d'abandon des installations du dernier gisement en exploitation.

Fait à Luanda, le 30 juillet 2007 en quatre exemplaires originaux dont deux en langue française et deux en langue portugaise, les deux versions faisant également foi.

Pour le Gouvernement

de la République Démocratique

du congo

Lambert MENDE OMALANGA

Ministre des hydrocarbures

Pour le Gouvernement

de la République d'Angola

Engº Desiderio da G. Verissimo e COSTA

Ministre du Pétrole

Bibliographie

A. OUVRAGES

1. ABDELMOUGHIT T., Intangibilité des frontières coloniales et espace étatique en Afrique, Paris, l'Harmattan, 2009, 368 p.
2. ALLAND D., Droit international public, Paris, PUF, 2002, 589 p.
3. APOLLIS G., Les frontières maritimes en droit international, Paris, L.G.D.J., 2002, 456 p.
4. BALANDA G., Les Accords de paix en République Démocratique du Congo, Kinshasa, CHECHE, 2003, 265 p.
5. BITUMBA M.T, La deuxième guerre occidentale contre le Congo. Offensive des médias et dessous des cartes, Paris, L'Harmattan, 2006, 231 p.
6. BOUTROS-BOUTROS G., Les conflits de frontières en Afrique : Etude et documents, Paris, Economica, 2002, 256 p.
7. BRAECKMAN C., L'enjeux congolais. L'Afrique central après Mobutu, Paris, Fayard, 2005, 406 p.
8. BRAECKMAN C., Les Nouveaux prédateurs. Politiques des grandes puissances en Afrique centrale, Paris, Fayard, 2007, 322 p.
9. BRAECKMAN C., Vers une deuxième indépendance du Congo, Bruxelles, Le Cri. Edition Afrique, 2010, 369 p.
10. BULA-BULA S., L'odyssée du droit de la mer dans les abysses, La Haye, Kluwer Law International, 1999, 114 p.
11. BULA-BULA S., Le droit international de la mer dans un monde en mutation, Kinshasa, PUZ, 1996, 155 p.
12. CECCATO G.N., L'évolution juridique de la doctrine du plateau continental, Paris, Pedone, 1955, 143 p.

13. CHOURAQUI G., La Mer confisquée : Un nouvel ordre océanique favorable aux riches, Paris, Economica, 1979, 423 p.
14. COLOMBOS C. J., Le droit international de la mer, 6e édition, Paris, Montchrestien, 2004,225 p.
15. COMBACAU J., et SUR S., Droit international public, 6e édition, Paris, Montchrestien, 2004, 808 p.
16. CORBETT J.S., Principes de stratégie maritimes, Paris, Economica, 2003, 229 p.
17. COUTANSAIS J., Géopolitique des océans, l'Eldorado maritime, Paris, Ellipses, 2012, 240 p.
18. COUTAU H.B., et alii, La lutte pour l'empire de la mer : Histoire et géostratégie maritimes, Paris, Economica, 2005, 338 p.
19. DAILLIER P., et PELLET A., Droit international public, 7eédition, Paris, L.G.D.J., 2002, 1510 p.
20. DE FERRON O., Le droit international de la mer, Genève, Droz, 2 vol., 1960, 265 p.
21. DE MONTBRIAL T., L'action et le système du monde, Paris, PUF, 2006, 472 p.
22. DUPUY J. R., et VIGNES D., Traités du nouveau droit de la mer, Paris, Editions Dalloz, 2006, 1325 p.
23. DUPUY P. M., Droit international public, 9ème édition, Paris, Dalloz, 2009, 879 p.
24. DUPUY P. M., Les grands textes de droit international, 6ème édition, Paris, Dalloz, 2002, 880 p.
25. GIDEL G., Le droit international public de la mer, Paris, Sirey, 3 vol., 1934, 814p.
26. GIRAULT R., Etre historien des relations internationales, Paris, Publication de la Sorbonne, 1999, 526 p.
27. GUILLERM A., Le maître de la mer et le maître de la terre : Chine-USA, XXIe Siècle, Paris, Lettrage distribution, 2008, 117 p.
28. HENROTIN J., Les fondements de la stratégie navale au XXIe Siècle, Paris, Economica, 2011, 488 p.
29. HUNTZINGER J., Introduction aux relations internationales, Paris, éditions Seuil, 1999, 522 p.

30. KAMANA T., RD Congo : La défense nationale à l'impératif. Patriotisme et souveraineté, Paris, L'Harmattan, 2004, 203 p.
31. KERORQUEN Y., La mer, le prochain défi, Paris, Ed. Gutenberg, 2009, 235, p.
32. KISUKULA A., La désintégration de l'armée congolaise de Mobutu à Kabila, Paris, l'Harmattan, 2003, 102 p.
33. KOBANDA J.P., Les crimes économiques dans les grands lacs africains. 5 millions de morts pour enrichir : Les multinationales occidentales, Rwanda, l'Ouganda et leurs complices congolais, Paris, l'Harmattan, 2006, 360 p.
34. LABANA L. A., et alii, Repenser la diplomatie congolaise. Urgence et pertinence, Kinshasa, PUK, 2002, 127 p.
35. LABANA L. A., Le conflit. Stratégies, prévention, gestion et modes de résolution, Kinshasa, Chaire UNESCO, 2007, 123 p.
36. LABRECQUE G., Les frontières maritimes internationales : Géopolitique de la délimitation en mer, Paris, l'Harmattan, 2005, 429 p.
37. LANCRY P.J., La mer, un enjeu économique, Paris, Hatier, 1982, 79 p.
38. LANOTTE O., République Démocratique du Congo : Guerre sans frontières. De Joseph-Désiré Mobutu à Joseph Kabila, Bruxelles, éditions complexe, 2003, 422 p.
39. LAVIELLE J.M., Les relations internationales. Discipline, les approches, évolutions historiques et les défis, Paris, ellipses, 2003, 354 p.
40. LUCCINI L., et VOELCKEL M., Droit de la mer, Paris, Pedone, 1995, 582 p.
41. MAMPUYA K.T, Désuétude du système de sécurité collective, Kinshasa, PUZ, 1986, 341 p.
42. MAMPUYA K., Emergence des Etats nouveaux et droit international, Paris, L'Harmattan, 1994, 324 p.

43. MENDE O.L., Dans l'œil du cyclone. Congo-Kinshasa : Les années rebelles 1998-2003 revisitées, Paris, l'Harmattan, 2008, 310 p.
44. MULUMBATI A.N., Les relations internationales, Lubumbashi, éditions Africa, 2005, 369 p.
45. ORTOLLAND D., et PIRAT J.P., Atlas géopolitique des espaces maritimes : Frontières, énergie, pêche et environnement, Paris, Technip, 2008, 277 p.
46. PAPON P., Le sixième continent : Géopolitique des océans, Paris, Odile Jacob, 1999, 336 p.
47. RANJEYA R., et CADOUX C., Droit international public, Paris, Edicef, 1992, 325 p.
48. ROYER P., Géopolitique des mers et des océans : Qui tient la mer tient le monde, Paris, PUF, 2012, 199 p.
49. SINKONDO M., Droit international public, Paris, ellipses, 1999, 523 p.
50. TAMBWE E. K., et MAKOSSO A.C., RD Congo. Les élections et après ? Paris, l'Harmattan, 2006, 276 p.
51. TSHIYEMBE M., Géopolitique de la paix en Afrique médiane : Angola, Burundi, République Démocratique du Congo, Ouganda, Rwanda, Paris, L'Harmattan, 2005, 214 p.
52. TSHIYEMBE M., L'Etat post colonial facteur d'insécurité en Afrique, Paris, Présence Africaine, 1990, 212 p.
53. TSHIYEMBE M., Le pari d'une armée républicaine en République Démocratique du Congo, Paris, L'Harmattan, 2005, 125 p.
54. TSHIYEMBE M., Politique étrangère de la République Démocratique du Congo. Continuité et rupture, Paris, L'Harmattan, 2010, 289 p.
55. UZAC L., Les chemins de l'océan : Océans et mondialisation, Aix-en-Provence, Ed. du Gerfaut, 2009, 311 p.
56. VALLEE CH., Le plateau continental dans le droit positif actuel, Paris, Pedone, 1972, 360 p.
57. VIGARIE A., Economie maritime et géostratégique des océans, Caen, Paradigme, 1998, 455 p.

58. VIGARIE A., La mer et la géostratégie des nations, Paris, Economica, 2006, 427 p.
59. WEMBOU M., Le droit international dans un monde en mutation, Paris, L'Harmattan, 2003, 456 p.

B. THESES ET MEMOIRES

1. BULA-BULA S., Le nouveau droit de la mer dans les Etats de la côte Atlantique et Indienne d'Afrique. Thèse de doctorat présenté à Louvain-la-Neuve. Bruxelles, le 27 mars 1986, 225 p.
2. GRUBER A., Essai sur l'existence d'un droit de la succession d'Etats en droit international contemporain. Thèse de doctorat présentée à l'Université de Paris V. Paris, 1985, 325 p.
3. KILENDA J.P., Le contrôle de la légalité des actes du magistrat dans l'administration de la justice criminelle en RD Congo. Thèse de doctorat présentée à Louvain-la-Neuve, Bruxelles, Academia Bruyant, 2002, 965 p.
4. MBOMBO S., Le plateau continental et la gestion de ressources pétrolières. Cas de la République Démocratique du Congo et de l'Angola. Mémoire de licence en droit public présenté à l'Université de Kinshasa. Kinshasa, 2007-2008, 81 p.
5. NTUMBA C., La notion de frontières et de la solidarité en Afrique noire francophone. Mémoire de première année de doctorat présenté à la Faculté de droit de l'Université de Rabat. Rabat, 1996, 452 p.

C. ARTICLE

1. STERN B., « La succession d'Etats », in *RCADIP, (juin-août 2004), n°1589, 102 p.*
2. BENMESSAOUD A., « Le Sahara marocain, l'Organisation de l'Unité Africaine et le principe de l'intangibilité », in *AL ASAS, (février-mars 1989), n°9, 45 p.*
3. SIRADIOU D., « Vers le grand Sahara de Kadhafi ? », in *Jeune Afrique*, (21 janvier 1982), n°1049, 89 p.

4. CABOT J., « Les frontières coloniales de l'Afrique », in *Hérodote*, (juillet-septembre 1987), n°11, 96 p.
5. EL OUALI A., « Le maintien des frontières coloniales (l'uti possidetis) ou le non sens juridique du principe de base de l'OUA pour le règlement des différends territoriaux, in *RMDED*, (juin-septembre 2002) n°9, 115 p.
6. SALOMON J., « Défense de l'intégrité territoriale et libre détermination des populations », in *Revue de l'Institut de sociologie, (juin-septembre 2001), n°1454, pp. 45-48.*
7. SAUTTER G., « Quelques réflexions sur les frontières africaines », in *Le Mois en Afrique*, (janvier-mars 2005), n°4512, 68 p.
8. THIBAMBE G., « La politique de bon voisinage : Analyse d'un principe de politique étrangère de la RDC », in *Congo-Afrique*, (février-mars 2007), n°412-413, 166 p.
9. MANA MBUMBA E., « La coopération bilatérale entre la République d'Angola et la République Démocratique du Congo : De 1975 à 2013 », in *Congo-Afrique*, (mars-avril 2014), n°483-484, 201 p.
10. LEBILLON P., VINES A., et MALAQUIAS A., « Au-delà du pétro-militarisme : La stratégie extérieure angolaise d'après guerre », in *Politique Africaine*, (juin 2014), n° 110, 115 p.
11. CONCHINGLIA A., « Angola : La paix introuvable », in *Géopolitique africaine*, (novembre 2001), n°4, 161 p.
12. ECONOMIDES C., « Les effets de la succession d'Etats sur la nationalité », in *RGDIP, (juillet-septembre 2001), n°1235, 46p.*
13. MONIER J.P., « La succession d'Etats en matière de responsabilité internationale », in *AFDI, (août-octobre 2008), n°9874, 91 p.*
14. SHEARER A., « La succession d'Etats et les traités non localisés », in *RGDIP, (octobre-décembre 2003), n°4789, 114 p.*

15. YASSEEN A., « La Convention de Vienne sur la succession d'Etats en matière de traités », in *AFDI*, (mai-août 2000), n° 2547, 85 p.
16. DEGAN V.D., « La succession d'Etats en matière de traités et les Etats nouveaux issus de l'ex-Yougoslavie », in *AFDI*, (août-octobre 1999), n° 1236, 106 p.
17. STERN B., « Responsabilité internationale et succession d'Etats », in *BYBIL, (juin-août 2006), n°7895, 96 p.*
18. LANGENHOVE F., « Le problème de l'intégrité nationale des Etats issus de la décolonisation », in *Res publica, (juin 1961), n°3, 129 p.*
19. BOURJORL D. F., « Heurs et malheurs de l'Uti possidetis. L'intangibilité des frontières africaines », in *Revue juridique et politique. Indépendance et coopération*, (juillet-septembre 1990), n°3, 100 p.

D. TEXTES JURIDIQUES DE REFERENCE

1. Constitution de la République Démocratique du Congo du 18 février 2006 telle que modifiée par la loi N° 11/002 du 20 janvier 2011.
2. Charte de l'Organisation des Nations Unies adoptée le 26/6/ 1945 et entrée en vigueur le 24/10/ 1945.
3. Convention de Vienne sur le droit des traités adoptée le 23/05/ 1969 et entrée en vigueur le 27/01/1980.
4. Convention des Nations Unies sur le droit de la mer adoptée le 10/12/1982 et entrée en vigueur le 16/11/1994.
5. Convention de Vienne sur la succession en matière des traités adoptée le 22/8/1978 et entrée en vigueur le 4/02/1998.
6. Convention de Vienne sur la succession en matière des biens, archives et dettes d'Etat adoptée le 8/04/1983.
7. Statut de la Cour Internationale de Justice adopté le 26/06/1945 et 24/10/1945.

8. Loi N° 09/002 du 07 mai 2009 portant délimitation des espaces maritimes de la République Démocratique du Congo.
9. Loi N° 74/009 du 10 juillet 1974 portant délitation de la mer territoriale de la République du Zaïre (RDC).
10. Ordonnance-loi No 88/036 du 28 septembre 1988 portant ratification de la Convention des Nations Unies sur le droit de la mer du 10 décembre 1982.
11. Décret N° 10/07 du 12 février 2010 portant création, organisation et fonctionnement de la Commission Nationale d'Etudes sur le Plateau Continental de la République Démocratique du Congo.
12. Arrêté N° 024/2009 du 31 mars 2009 portant nomination des membres de la Commission Nationale d'Etudes sur le Plateau Continental de la République Démocratique du Congo.

E. DONNEES JURISPRUDENTIELLES

1. CIJ, arrêt du 20 juillet 1989 dans l'affaire Ellettronica Sicula entre les Etats Unis et l'Italie.
2. CIJ, arrêt du 20 décembre 1988, affaire des activités militaires et paramilitaires au Nicaragua entre les Etats Unis et le Nicaragua.
3. CIJ, arrêt du 1^{èr} juillet 1994, affaire de la Délimitation maritime et des questions territoriales entre le Qatar et Bahreïn.
4. CIJ, ordonnance du 11 septembre 1976, affaire du plateau continental de la mer Egée, série A/B, n°85, p. 102.
5. CIJ, arrêt du 12 octobre 1984, affaire de la délimitation de la frontière maritime entre le Canada et les Etats Unis dans la région du golfe du Maine.
6. CIJ, arrêt du 20 février 1969, affaire relatif au plateau continental de la mer du Nord entre la République fédérale d'Allemagne, le Danemark et les Pays-Bas.
7. Tribunal arbitral, sentence du 30 juin 1977, affaire du plateau continental de la mer d'Iroise.

8. CIJ, arrêt du 24 février 1982, affaire du plateau continental entre la Tunisie et la Lybie.
9. CIJ, arrêt du 3 juin 1985, affaire du plateau continental entre la Lybie et Malte.
10. CPJI, arrêt du 15 octobre 1931, affaire du Trafic ferroviaire entre la Lituanie et la Pologne.
11. CIJ, ordonnance du 11 septembre 1976, affaire du plateau continental de la mer Egée.
12. CIJ, arrêt du 11 octobre 2002, affaire de la délimitation des frontières terrestre et maritime entre le Cameroun et le Nigéria.
13. CPJI, arrêt du 26 avril 1928, affaire des droits des minorités en Haute-Silésie.
14. CIJ, arrêt 4 décembre 1998, affaire de la compétence en matière de pêcheries entre l'Espagne et le Canada.
15. CIJ, arrêt du 3 février 2006, affaire des activités armées sur le territoire du Congo entre la République Démocratique du Congo et le Rwanda.
16. CIJ, arrêt du 2 décembre 1963, affaire du Cameroun septentrional entre la Grande Bretagne et le Nigéria.
17. CIJ, arrêt du 27 juin 2001 dans l'affaire relative à la Convention de Vienne sur les relations consulaires dite LaGrand qui opposait l'Allemagne aux Etats-Unis.
18. Tribunal arbitral, sentence arbitrale du 14 février 1985, affaire de la délimitation de la frontière maritime entre la Guinée-Bissau et la Guinée Conakry.
19. Tribunal arbitral, sentence arbitrale du 31 juillet 1989, affaire de la délimitation de la frontière maritime entre la Guinée-Bissau et le Sénégal.
20. Tribunal arbitral, sentence arbitrale du 10 juin 1992, affaire de la délimitation des espaces maritimes entre le Canada et la République française.
21. Tribunal arbitral, sentence arbitrale du 30 juin 1977, affaire de la délimitation du plateau continental entre le Royaume-Uni, l'Islande du Nord et la République française.
22. Tribunal arbitral, sentence arbitrale du 23 octobre 1909, affaire de la délimitation de la frontière maritime entre la Norvège et la Suède.

F. RAPPORTS

1. Assemblée Nationale, Rapport de la Commission d'enquête parlementaire sur l'incursion des forces armées angolaises dans les provinces du Bas-Congo et du Bandundu, Kinshasa, 20 avril 2007, 52 p.
2. FAO, situation mondiale des pêches et de l'agriculture. Rapport de 2010 sur l'évolution de l'industrie de la pêche dans le monde, (en ligne). http : // www.fao.org/fisher/topic/18124/fr (Page consulté le 25 mars 2013).
3. Ministère des affaires étrangères et de la coopération internationale, Aide-mémoire de la 8ème session de la Grande commission mixte, Kinshasa, 22-23 décembre 2013, 42 p.
4. Southern Africa Resource Watch, Pétrole de la République Démocratique du Congo. Rapport de l'Observatoire de Ressource pour l'Afrique Australe, Kinshasa, novembre 2010, 214 p.

Table des matières

République démocratique du Congo aux éditions L'Harmattan

Dernières parutions

LE CONGO-KINSHASA, UNE RÉPUBLIQUE DÉMOCRATIQUE ?
N'Kupa Ntikala E-Benya Didier - Préface d'Edmond Jouve
Depuis son accession à l'indépendance, la République Démocratique du Congo a traversé différentes crises politiques qui laissaient croire à sa partition imminente. Face à toutes les menaces et agressions, le peuple a toujours néanmoins gardé son influence sur les politiques pour la sauvegarde de l'unité de ce majestueux pays dont la construction peine à venir. Voici une vision synthétique retraçant les faits annonciateurs de la naissance d'une forte nation qui s'affranchit des pactes secrets qui l'ont condamnée avant même son indépendance.
(Coll. Études africaines, série Politique, 55.00 euros, 670 p.)
ISBN : 978-2-343-08997-3, ISBN EBOOK : 978-2-14-001648-6

LES ÉLECTIONS EN RÉPUBLIQUE DÉMOCRATIQUE DU CONGO
Contribution à une pratique électorale efficiente et aisée
Kamufuenkete Luvumbu Pascal
Les élections s'imposent, jusqu'à preuve du contraire, comme la voie obligée pour garantir la démocratie. Hélas, en Afrique les élections sont souvent l'occasion de conflits violents et source de grosses dépenses publiques pour lesquelles l'aide financière internationale devient une nécessité. Comment conjurer cette situation qui est présentée comme une fatalité ? Ce livre offre des solutions rationnelles et raisonnables à emprunter en vue de la mise en place d'une législation et d'une pratique électorale efficiente et aisée.
(10.00 euros, 96 p.)
ISBN : 978-2-343-09669-8, ISBN EBOOK : 978-2-14-001596-0

LA JUSTICE TRANSITIONNELLE EN RDC
Quelle place pour la commission vérité et réconciliation ?
Mwamba Matanzi Godefroid
La justice transitionnelle est sans juges ni tribunaux ; mais grâce à elle, les sociétés démocratiques apprennent à affronter la part sombre de leur histoire. Ses objectifs ultimes consistent à faire la vérité sur les sales guerres menées par les princes contre leur population pour se donner une chance de reconstruire une société plus juste et plus équitable. L'idée de mettre en place une Commission Vérité Réconciliation procédait de la nature particulièrement délicate de la gestion de

l'après-guerre en RDC en termes de paix. Et ainsi avoir une capacité de panser toutes sortes de blessures et de plaies dues aux affres d'un tel contexte.
(Harmattan RDC, 18.00 euros, 168 p., Illustré en noir et blanc)
ISBN : 978-2-343-09478-6, ISBN EBOOK : 978-2-14-001548-9

L'INVENTION DU CONGO CONTEMPORAIN
Traditions, mémoires, modernités (Tome 1)
Ndaywel E Nziem Isidore - Préface de Martin Kalulambi Pongo
On peut lire l'ouvrage du professeur Ndaywel de deux manières : comme un essai politique offrant une critique démystificatrice des formes contemporaines de gestion politique depuis l'indépendance, ou bien comme une étude d'histoire des procédures de réinvention du Congo dans sa « modernité » postcoloniale. Sites d'affrontement entre l'État et la société, le passé et la mémoire conservent un pouvoir de construction de la réalité, du pouvoir et de la légitimité. Or parmi les grandes questions qu'affronte la société congolaise d'aujourd'hui figure celle de savoir comment améliorer l'art de gouverner et reconfigurer le rapport de l'individu à l'État.
(Harmattan RDC, 27.00 euros, 264 p.)
ISBN : 978-2-343-09498-4, ISBN EBOOK : 978-2-14-001559-5

L'INVENTION DU CONGO CONTEMPORAIN
Traditions, mémoires, modernités (Tome 2)
Ndaywel E Nziem Isidore
Les séquences de l'Histoire congolaise révélées dans ce livre enseignent à qui sait les interroger ce qu'il convient de faire. Elles sont l'école de l'homme politique qui est assuré d'y rencontrer, s'il le veut bien, le modèle à suivre ou encore l'exemple à éviter. Elles sont, pour tous les Congolais, un répertoire inépuisable, qu'ils ne consulteront jamais en pure perte.
(Harmattan RDC, 31.00 euros, 294 p.)
ISBN : 978-2-336-30583-7, ISBN EBOOK : 978-2-14-001560-1

LA THÉORIE GÉNÉRALE DU DROIT CONSTITUTIONNEL ET LES INSTITUTIONS POLITIQUES
Sous la Ire, IIe et IIIe République de la République démocratique du Congo
Makengo Nkutu Alphonse
Cet ouvrage s'intéresse dans une première partie aux éléments de base du droit constitutionnel, en abordant l'examen des concepts de base et la hiérarchie des règles de droit, l'État, la Constitution et le pouvoir politique, et dans une seconde partie il analyse les institutions politiques sous la Première, Deuxième et Troisième République en RD Congo.
(Coll. Études africaines, 25.50 euros, 250 p.)
ISBN : 978-2-343-09617-9, ISBN EBOOK : 978-2-14-001354-6

L'ÉLECTRIFICATION TOTALE DE LA RDC À L'HORIZON 2060
Mwemena Kamabwe Nestor - Préface du Professeur Ilunga Ilunkamba
L'électrification totale de la RDC est une œuvre de très grande envergure. Elle exige des moyens financiers, techniques et légaux gigantesques. Ni la SNEL, qui a été transformée en société commerciale, ni les privés qui sont des sociétés à

but lucratif ne sont en mesure de réaliser cette électrification dont la rentabilité financière n'est pas évidente. Pour répondre aux besoins d'électrification totale du pays, il est indispensable de définir davantage les standards de production, de transport, de distribution et de commercialisation.
(Harmattan RDC, 45.00 euros, 446 p., Illustré en noir et blanc)
ISBN : 978-2-343-08309-4, ISBN EBOOK : 978-2-14-000826-9

LA PROTECTION DES DROITS DE L'HOMME PAR LE JUGE CONSTITUTIONNEL CONGOLAIS
Analyse critique et jurisprudence (2003-2013)
Wetsh'Okonda Koso Marcel - Préface de Jean-Louis Esambo Kangashe
Depuis son institution en 1968, la Cour suprême de justice a exercé les attributions de juge constitutionnel, y compris celles de juge des libertés. L'objet de ce livre consiste à dresser le bilan, à la fois quantitatif et qualitatif, de cette juridiction en matière de protection de ces dernières. La première partie passe en revue les attributions de la Cour ainsi que son organisation et son fonctionnement et la seconde partie s'intéresse à sa jurisprudence en matière de protection des droits de l'Homme.
(Coll. Notes de cours, 30.00 euros, 286 p.)
ISBN : 978-2-343-08677-4, ISBN EBOOK : 978-2-14-001588-5

COMMUNICATION DES ENTREPRISES COMMERCIALES EN RÉPUBLIQUE DÉMOCRATIQUE DU CONGO
Pombo Ngunza Dyna Albert - Préface de Mwayila Tshiyembe
Après un constat de défaillance de la pratique de la communication institutionnelle en RDC, l'auteur a assigné un double objectif à cet ouvrage : plaider et sensibiliser les dirigeants des institutions commerciales congolaises sur la nécessité de pratiquer la communication institutionnelle afin de créer, soigner et/ou entretenir une bonne image de leur institution. Le deuxième objectif est de venir en aide aux dirigeants qui voudraient la pratiquer, en leur donnant un schéma pratique et clair à suivre.
(Coll. Géopolitique mondiale, 15.00 euros, 136 p.)
ISBN : 978-2-343-07640-9, ISBN EBOOK : 978-2-14-001472-7

LES EXONÉRATIONS FISCALES DES INVESTISSEMENTS EN RDC
Kabanda Matanda Boniface
La concurrence fiscale comme mesure incitative ou attractive des investissements directs étrangers s'est révélée inefficace. Cette leçon a servi d'exemple à l'État Indépendant du Congo et à la Colonie Congo-Belge qui limitèrent la défiscalisation aux seuls grands projets de développement orientés dans la logique de l'économie mixte. Dès lors, nous voilà dans l'institutionnalisation de l'injustice fiscale qui nous fait assister impuissants à la création simultanée de l'enfer fiscal, du purgatoire fiscal et du paradis fiscal en RDC. Au total les investissements directs étrangers en appellent plutôt à la globalité des politiques publiques et privées.
(Harmattan RDC, 55.00 euros, 830 p.)
ISBN : 978-2-343-09469-4, ISBN EBOOK : 978-2-14-001585-4

LE DÉVELOPPEMENT DU KATANGA MÉRIDIONAL
Tambwe Nyumbaiza, Nkulu Kasongo, Kya Ghoanys Kitaba, Mwanachilongwe Kunkuzya, Mpyana Kaimbi, Bukasa Kayiba
Les réflexions contenues dans cet ouvrage nous donnent assez de lumière sur le Katanga méridional, les actions de développement entreprises, les acteurs en présence, mais aussi et surtout le dynamisme de la population locale dans sa quête d'améliorer les conditions d'existence. En dépit de l'augmentation en nombre des entreprises minières dans cette partie de la République Démocratique du Congo, sa population demeure pauvre dans l'ensemble.
(Coll. Études africaines, 20.50 euros, 212 p.)
ISBN : 978-2-343-06314-0, ISBN EBOOK : 978-2-336-39799-3

LE CONGO BELGE DANS LA PREMIÈRE GUERRE MONDIALE (1914-1918)
Ndaywel E Nziem Isidore, Mabiala Mantuba-Ngoma Pamphile
L'histoire congolaise de la Première Guerre mondiale existe. Les contributions, belges et congolaises, qui font l'objet de ce livre l'affirment et le démontrent. Dès que la Belgique, la métropole du Congo, avait vécu la violation de sa neutralité par l'Allemagne, le Congo belge n'est pas resté longtemps dans le doute. La guerre exclusivement européenne devint une guerre mondiale, impliquant en Afrique les colonies allemandes et celles des alliés.
(Harmattan RDC, 37.00 euros, 358 p.)
ISBN : 978-2-343-07554-9, ISBN EBOOK : 978-2-336-39906-5

GUERRE ET PAIX: LEÇONS DE L'INTERVENTION DE L'ONU EN RÉPUBLIQUE DÉMOCRATIQUE DU CONGO
Olombi Jean-Claude
L'objet principal de cet ouvrage est de mesurer et de comprendre les causes de la crise en RDC, depuis son accession à l'indépendance, le 30 juin 1960, jusqu'à nos jours et le rôle que joue l'ONU dans ce pays, depuis plus d'une décennie. L'auteur analyse les acquis en matière de sécurité et les actions à mener en matière de gouvernance démocratique et de stabilisation du pays.
(Coll. Études africaines, 23.00 euros, 232 p.)
ISBN : 978-2-343-06177-1, ISBN EBOOK : 978-2-336-39790-0

SÉRAPHIN NGONDO A PITSCHANDENGE
Vie et œuvres d'un professeur émérite
Mandjwandju Mabele Odon
Préface de Léon de Saint Moulin, s.j.
Ce livre est une biographie sur Séraphin Ngondo A Pitschandenge, premier démographe congolais, qui a consacré son existence à l'enseignement et à la recherche au sein de l'Université congolaise. Il présente le modèle d'un professeur d'université qui aura cherché à combiner sa personnalité scientifique avec ses devoirs de citoyen. Comment dès lors rester scientifique tout en étant dans les méandres de la politique ?
(Harmattan RDC, 16.50 euros, 154 p.)
ISBN : 978-2-343-08037-6, ISBN EBOOK : 978-2-336-39908-9

L'HARMATTAN ITALIA
Via Degli Artisti 15; 10124 Torino
harmattan.italia@gmail.com

L'HARMATTAN HONGRIE
Könyvesbolt ; Kossuth L. u. 14-16
1053 Budapest

L'HARMATTAN KINSHASA
185, avenue Nyangwe
Commune de Lingwala
Kinshasa, R.D. Congo
(00243) 998697603 ou (00243) 999229662

L'HARMATTAN CONGO
67, av. E. P. Lumumba
Bât. – Congo Pharmacie (Bib. Nat.)
BP2874 Brazzaville
harmattan.congo@yahoo.fr

L'HARMATTAN GUINÉE
Almamya Rue KA 028, en face
du restaurant Le Cèdre
OKB agency BP 3470 Conakry
(00224) 657 20 85 08 / 664 28 91 96
harmattanguinee@yahoo.fr

L'HARMATTAN MALI
Rue 73, Porte 536, Niamakoro,
Cité Unicef, Bamako
Tél. 00 (223) 20205724 / +(223) 76378082
poudiougopaul@yahoo.fr
pp.harmattan@gmail.com

L'HARMATTAN CAMEROUN
BP 11486
Face à la SNI, immeuble Don Bosco
Yaoundé
(00237) 99 76 61 66
harmattancam@yahoo.fr

L'HARMATTAN CÔTE D'IVOIRE
Résidence Karl / cité des arts
Abidjan-Cocody 03 BP 1588 Abidjan 03
(00225) 05 77 87 31
etien_nda@yahoo.fr

L'HARMATTAN BURKINA
Penou Achille Some
Ouagadougou
(+226) 70 26 88 27

L'HARMATTAN SÉNÉGAL
10 VDN en face Mermoz, après le pont de Fann
BP 45034 Dakar Fann
33 825 98 58 / 33 860 9858
senharmattan@gmail.com / senlibraire@gmail.com
www.harmattansenegal.com

L'HARMATTAN BÉNIN
ISOR-BENIN
01 BP 359 COTONOU-RP
Quartier Gbèdjromèdé,
Rue Agbélenco, Lot 1247 I
Tél : 00 229 21 32 53 79
christian_dablaka123@yahoo.fr

Achevé d'imprimer par Corlet Numérique - 14110 Condé-sur-Noireau
N° d'Imprimeur : 135718 - Dépôt légal : février 2017 - *Imprimé en France*

www.ingramcontent.com/pod-product-compliance
Lightning Source LLC
LaVergne TN
LVHW011021061026
849535LV00006B/1990